HET COMPLETE SHIBA INU HANDBOEK

Vanessa Richie

www.lpmedia.org

Publicatiegegevens

Vanessa Richie

Het Complete Shiba Inu Handboek---- Eerste editie.

Samenvatting: "Een Shiba Inu succesvol opvoeden van pup tot op hoge leeftijd" --- Verstrekt door de uitgever.

ISBN: 979-8-89818-011-9

[1. Shiba Inu --- Non-fictie] I. Titel.

Dit boek is geschreven met de uitdrukkelijke bedoeling om nauwkeurige en gezaghebbende informatie te verstrekken met betrekking tot het behandelde onderwerp. Hoewel bij de voorbereiding van dit boek alle redelijke voorzorgsmaatregelen zijn genomen, wijzen de auteur en uitgever uitdrukkelijk alle verantwoordelijkheid af voor eventuele fouten, omissies of nadelige gevolgen die voortvloeien uit het gebruik of de toepassing van de informatie in dit boek. De technieken en suggesties dienen naar eigen inzicht van de lezer te worden gebruikt en mogen niet worden beschouwd als vervanging voor professionele diergeneeskundige zorg. Als u een medisch probleem bij uw hond vermoedt, raadpleeg dan uw dierenarts.

Ontwerp door Sorin Rădulescu
Eerste Nederlandse editie, 2025

INHOUDSOPGAVE

HOOFDSTUK 4

HOOFDSTUK 5

HOOFDSTUK 6

HOOFDSTUK 7

HOOFDSTUK 8

HOOFDSTUK 9

HOOFDSTUK 10

HOOFDSTUK 11

HOOFDSTUK 17

HOOFDSTUK 18

INLEIDING

Shiba Inu zijn een van de meest herkenbare hondenrassen ter wereld, hoewel ze gemakkelijk aangezien kunnen worden voor gedomesticeerde vossen. Als een van de zes oorspronkelijk Japanse hondenrassen werden ze populair na de Tweede Wereldoorlog, toen het ras bijna uitstierf. Tegenwoordig zijn ze op bijna elk continent te vinden. Hoewel Shiba Inu altijd populair zijn gebleven in Japan, heeft de rest van de wereld inmiddels geleerd van dit schattige, zeer eigenzinnige ras te houden.

Ze worden beschouwd als middelgrote honden, maar staan aan de kleinere kant van die schaal. Dit maakt hen fantastische honden voor elke omgeving. Hun dubbele vacht betekent dat ze de voorkeur geven aan koudere klimaten, en ze verharen aanzienlijk tijdens de warmere maanden. Dit ras is redelijk gemakkelijk te verzorgen, met meer borstel- en nodig tijdens warme maanden. Je hoeft je Shiba niet vaak te wassen omdat hun vacht vuilafstotend is.

Shiba Inu zijn ongelooflijk intelligent, een weerspiegeling van duizenden jaren samenwerken met mensen. Hun neiging tot ontsnappen betekent dat je deze hond nooit alleen buiten kunt laten. Als je hen niet goed traint, vervelen ze zich bovendien. Dit uit zich meestal in destructief gedrag. Shiba Inu zijn echter geen gemakkelijk ras om te trainen, waardoor ze niet geschikt zijn voor beginnende hondenbezitters. Ondanks hun eigenzinnige karakter kan de Shiba Inu een ongelooflijk liefdevolle en trouwe metgezel zijn voor gezinnen die weten hoe ze met intelligente rassen moeten omgaan.

Deze honden zijn ongelooflijk snel en doen het uitstekend in agility-competities. Ze verkennen graag nieuwe gebieden met je, waardoor ze geweldige reisgenoten zijn. Hoewel ze niet bekendstaan om hun voorliefde voor vreemden, zijn deze honden meestal niet agressief. Shiba Inu hebben een lange geschiedenis van jagen op prooi. Hierdoor zijn ze vandaag zo wendbaar, en betekent het ook dat je wat voorzichtiger moet zijn wanneer je naar buiten gaat.

Gezien hun zeer lange geschiedenis zijn Shiba Inu verrassend gezond. Ze zijn niet vatbaar voor veel genetische aandoeningen, hoewel dysplasie en oogproblemen veel voorkomen bij het ras. Hun levensduur ligt tussen 12 en 16 jaar, wat betekent dat je bij goede verzorging waarschijnlijk meer dan een decennium samen zult hebben.

Foto met dank aan
Rachel Deihl

HOOFDSTUK 1
Een Van De Meest Herkenbare Aziatische Hondenrassen

Japan bracht een van de meest herkenbare honden ter wereld voort – de Shiba Inu. Op het eerste gezicht zou je deze hond gemakkelijk kunnen verwarren met een vos, aangezien ze dezelfde vachtkleur hebben en ongeveer even groot zijn. Ze zijn ook ongelooflijk intel-

*Foto met dank aan
Joseph Hsu
Instagram @joeshoe*

ligent en luisteren niet naar iemand die hun respect niet heeft verdiend. Deze honden maken al deel uit van menselijke beschavingen sinds de Jomon-periode.

Uit De Jomon-periode – Zes Beroemde Japanse Rassen

Ondanks zijn kleine oppervlakte is Japan de bakermat van zes opmerkelijke hondenrassen:

- Shiba Inu (de kleinste van de zes)
- Shikoku
- Kishu
- Kai
- Hokkaido
- Akita (de grootste van de zes)

Als je even snel zoekt naar elk van deze hondenrassen, zul je waarschijnlijk meteen opmerken dat ze allemaal een vergelijkbaar uiterlijk hebben. De Kai ziet er het meest uniek uit, voornamelijk vanwege zijn gestroomde vacht en staart. Ondanks deze verschillen kun je zien dat de zes rassen uit een kleine genetische pool komen. Het belangrijkste verschil is hun grootte, wat duidt op het werk dat ze door de eeuwen heen deden. De grote en bekende Akita werd bijvoorbeeld ooit gebruikt om te helpen bij de jacht op grotere dieren. De Hokkaido wordt beschouwd als een van de oudste hondenrassen ter wereld (en zeker in Japan). De Shiba Inu werd gefokt om op kleinere dieren te jagen.

Achter De Naam

In tegenstelling tot sommige andere Japanse rassen is de betekenis van de naam Shiba Inu minder duidelijk. Het tweede deel, Inu, is eenvoudig genoeg – het is het Japanse woord voor hond. De term Shiba zou echter kunnen verwijzen naar minstens twee verschillende aspecten van de geschiedenis van de hond. De eerste verklaring is vrij eenvoudig; shiba betekent "struikgewas" in het Japans. Dit zou de kleur van de vacht van de hond kunnen beschrijven (struikgewas heeft in de herfst een vergelijkbare roodachtige kleur) of een aanwijzing kunnen zijn voor het beroep van het ras. Vanwege hun formaat jaagden Shiba Inu's op kleinere dieren in de struiken. De tweede mogelijke oorsprong van het woord shiba komt uit de Japanse prefectuur Nagano, waar de term simpelweg "klein" betekent.

Ongeacht wat de ware oorsprong van de naam ook mag zijn, beide zijn accurate manieren om dit schattige kleine hondje te beschrijven.

Een Ijverige Partner Bij De Jacht

De aanwezigheid van honden in Japan gaat helemaal terug tot 7.000 v.Chr., bekend als de Jomon-periode. In de Kronieken van Japan wordt opgemerkt dat honden van cruciaal belang waren om mensen te helpen overleven op het eiland. Men denkt dat de Shiba Inu rond 300 v.Chr. was gevestigd en mensen hielp die in en rond de bergen van het eiland woonden.

Tussen 1603 en 1867 n.Chr. begon Japan honden van over de hele wereld te importeren, wat hielp om het uiterlijk en temperament van sommige rassen te veranderen. In de daaropvolgende 50 jaar begonnen kruisingen met andere honden en de populariteit van deze nieuwe rassen de traditionele Japanse honden te verdringen. De Japanse rassen die ooit essentieel waren voor het eiland, kenden een sterke daling in aantallen. Als gevolg hiervan begonnen sommige Japanners te vrezen dat de inheemse Japanse honden zouden uitsterven, en tijdens het begin van de 20e eeuw ontstond er een beweging om de zes rassen te beschermen. Het Japanse Ministerie van Onderwijs bestempelde de ver-

*Foto met dank aan
Whitney Kono*

Foto met dank aan
Inger-Lise Fløtten

schillende rassen als nationale schatten. Ondanks deze inspanning stierf het verminderde aantal honden na de Tweede Wereldoorlog bijna volledig uit.

De Tol Van De Tweede Wereldoorlog En Het Redden Van De Shiba Inu Van Uitsterven

De timing van de inspanning om de Shiba Inu te redden is misschien wel wat hen uiteindelijk heeft geholpen te overleven.

Vóór de Tweede Wereldoorlog waren er drie typen Shiba Inu, genoemd naar hun specifieke geografische regio:

- Mino
- Sanin
- Shinshu

Tijdens de oorlog werden veel honden gedood bij bombardementen. Veel van degenen die de bombardementen overleefden, stierven aan het virus hondenziekte, dat zeer besmettelijk is bij honden. Dankzij enkele fokprogramma's die al vóór de oorlog bestonden, konden de Japanners dit schattige hondje redden van volledig verdwijnen. Fokkers doorzochten de meest afgelegen delen van het land om enkele van de laatste overgebleven Mino en Sanin te vinden. Met te weinig exemplaren

Foto met dank aan
Caitlin Rubinstein

om mee te fokken, was het het beste om de drie varianten met elkaar te mengen om ervoor te zorgen dat er minimale genetische problemen zouden zijn. De hedendaagse Shiba is het resultaat van die fokpogingen tussen de verschillende oorspronkelijke Shiba Inu-typen.

Met veel Amerikaanse militairen gestationeerd in Japan, begon de interesse in de Shiba Inu te groeien. Toen een militair in 1954 een Shiba Inu mee naar huis nam, begon het ras veel aandacht te krijgen. Het werd in 1992 erkend door de Raad van Beheer op Kynologisch Gebied in Nederland. Tegenwoordig zijn Shiba's de populairste hond in Japan, en in 2012 werden ze uitgeroepen tot het 50e meest populaire ras in de VS.

De Trouw Van De Shiba Inu

Een van de redenen waarom mensen bereid zijn om een intelligente hond met een felle onafhankelijke streek te accepteren, is dat ze ongelooflijk trouwe honden zijn. Ze kunnen helpen problemen op te lossen en blijven bij je wanneer je hen het meest nodig hebt.

De meeste mensen hebben het verhaal gehoord van de Akita die elke dag op zijn baasje wachtte bij het treinstation, jaren nadat zijn persoon was overleden. De Shiba Inu speelt een rol in een recenter waargebeurd verhaal dat bewijst dat ze ongelooflijk trouw en liefdevol zijn naar hun familie. Na de aardbeving in Yamakoshi in Japan in 2004 wist één Shiba Inu uit het puin te ontsnappen. Ze haalde haar puppy's uit de gevaarlijke structuur en zorgde ervoor dat ze in orde waren. Vervolgens ging ze op zoek naar haar baasje, een oudere man die onder het puin vastzat. Ze maakte hem wakker en trok aandacht naar zijn locatie terwijl de man uit het puin probeerde te komen. Hij werd vervolgens per helikopter uit de regio geëvacueerd. Toen hij eindelijk een paar weken later kon terugkeren, hadden de Shiba Inu en haar puppy's het overleefd en waren ze gezond gebleven onder de verre van ideale omstandigheden.

HOOFDSTUK 2
Het Shiba Karakter

Qua uiterlijk, temperament en persoonlijkheid is de Shiba Inu een unieke combinatie van verschillende dieren. Het uiterlijk doet je denken aan een vos. De manier waarop een Shiba Inu je ongeïnteresseerd aankijkt tijdens de training zal je zeker doen denken aan een kat. En als het om familie gaat, zal een Shiba net zoveel van je houden als elke andere hond. Hoewel ze zeker klein zijn, hebben ze de persoonlijkheid van een grote hond.

De kenmerkende fysieke eigenschappen van de Shiba Inu

De Shiba Inu is een compacte, goed gebouwde kleine hond, met een gemiddeld gewicht van 9 kg, waarbij reuen gemiddeld rond de 10 kg wegen en teven ongeveer 8 kg. Ze staan ongeveer 30 cm hoog bij hun schouders, dus ze komen tot ongeveer kniehoogte bij de meeste volwassenen.

De meeste Shiba's hebben een roodachtige kleur, hoewel er variaties zijn, waarbij sommige honden zwart met tan zijn in plaats van rood of rood sesam. Dit is het resultaat van kruisingen tussen de drie Shiba Inu-variaties. De honden hebben een dubbele vacht, wat hen een weelderige, pluizige uitstraling geeft, een beetje zoals een knuffeldier.

Het gezicht van een Shiba is klein en rond, met intelligente ogen en driehoekige oren. Wanneer ze niet bezig zijn de wereld om hen heen te observeren, hebben de honden vaak een kleine glimlach op hun gezicht, die vaak verandert in een uitdrukking van blijdschap wanneer ze met hun familie interacteren en plezier hebben.

Gezondheidsproblemen die vaak voorkomen bij de Shiba Inu

Ondanks hun lange geschiedenis zijn Shiba Inu's een ongelooflijk gezond ras. De grootste gezondheidsproblemen zijn niet levensbedreigend en worden uitgebreider behandeld in Hoofdstuk 17.

Waar je op moet letten zijn tekenen van heupdysplasie, patella luxatie en verschillende oogproblemen. Dit is ook een ras dat vaak last heeft van omgevingsallergieën, waarbij ze aan hun lichaam krabben en bijten. Bekijk Hoofdstuk 6 en 16 voor details over inhalatie-allergieën.

Sommige Shiba Inu's hebben tandproblemen, maar je kunt veel hiervan voorkomen door proactief te zijn met tandverzorging (Hoofdstuk 15).

Foto met dank aan
Brooke Steinbach

Onafhankelijkheidsdisclaimer – Ze zijn intelligent en zelfverzekerd

"Shiba's zijn onafhankelijk en intelligent, koppig, taai, actief (met veel energie), ontsnappingskunstenaars en dramaqueens (zowel reuen als teven)."

Susan Norris-Jones
SunJo Shiba Inu & Japanese Chin

Een van de grootste problemen waarmee Shiba Inu-eigenaren worden geconfronteerd, is het hebben van een intelligente hond die simpelweg niet wil luisteren. Er is een goede reden waarom Shiba Inu's vaak worden vergeleken met katten – ze hebben een onafhankelijke instelling en zijn niet aanhankelijk of geïnteresseerd om de hele tijd in het middelpunt van de belangstelling te staan. Wanneer ze aandacht willen, zullen ze die opzoeken, maar anders hebben ze misschien geen zin om met je te spelen wanneer jij daar wel zin in hebt.

Ze hebben onbegrensd zelfvertrouwen, en niet zonder reden. Met hun snelle verstand kunnen ze meestal een situatie beoordelen en uitvogelen hoe ze het beste kunnen gebruiken wat voorhanden is om een doel te bereiken.

Foto met dank aan
Alayne Levine

Dit is een ras dat behoorlijk wat tijd besteedt aan zichzelf schoonmaken, wat prettig is voor jou, en nog een manier waarop deze honden op katten lijken. Ze willen dat hun lichaam en huis schoon zijn, wat verklaart waarom ze zo gemakkelijk zindelijk te maken zijn (en waarom ze je een vals gevoel kunnen geven over hoe makkelijk ze te trainen zijn).

Een liefdevolle en alerte gezinshond

"De Shiba Inu heeft een lange weg afgelegd van een reputatie als agressief en niet goed met kinderen, naar nu bekend staan als een zeer speelse en liefdevolle metgezel."

Jan Hill
Dark Knight Shibas

Ondanks hun formaat kunnen Shiba's uitstekende waakhonden zijn. Je hoeft maar even naar video's te zoeken om te zien dat dit geen stil ras is. Ze hebben veel verschillende geluiden die ze gebruiken om je te laten weten hoe ze zich voelen.

Wat hen goede appartementshonden en goede waakhonden maakt, is dat ze niet de neiging hebben om bij elk geluid te blaffen. Ze zijn alert en oplettend, dus als er een geluid is dat zorgen baart, zullen ze je dat laten weten. Ze kunnen ook geluid maken, inclusief blaffen, wanneer ze spelen

19

of boos zijn. Net zoals jij de neiging hebt om luider te worden wanneer je je echt opgewonden of boos voelt, kan de Shiba Inu zeer expressief en vocaal zijn wanneer hij extreme emoties ervaart.

Sommige Shiba's klinken alsof ze jodelen of tegenspreken, wat ongelooflijk vermakelijk kan zijn. Misschien wel een van de meest alarmerende geluiden die ze maken is hun schreeuw, meestal wanneer ze proberen je aandacht te trekken om te spelen.

Mogelijk te veel hond voor beginnende hondeneigenaren

"De Shiba Inu is niet voor de onervaren hondeneigenaar. Schijn bedriegt!"

CJ Strehle
JADE Shiba Inu

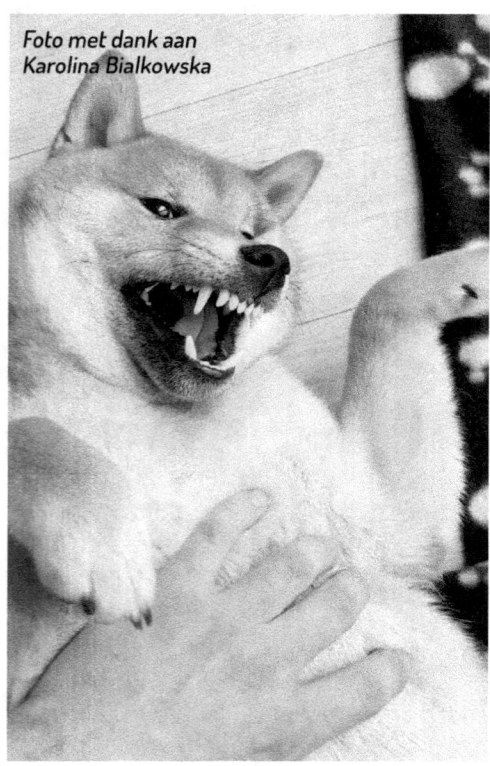

Foto met dank aan
Karolina Bialkowska

Als je nog steeds overweegt of dit de juiste hond voor je is, denk dan na over hoe gemakkelijk je gefrustreerd raakt wanneer kinderen en dieren niet naar je luisteren. Als je moeite hebt met ongehoorzaamheid, is dit waarschijnlijk niet de juiste hond voor jou. Tijdens de zindelijkheidstraining zul je merken hoe gemakkelijk een Shiba kan leren als hij dat wil, wat je misschien doet denken dat het aanleren van andere commando's ook gemakkelijk zal zijn. Helaas is dit niet het geval. Als hij iets niet wil doen, zal je Shiba Inu je negeren. Zo zal je Shiba Inu bijvoorbeeld het commando om te zitten begrijpen, maar hij zal alleen gehoorzamen als het hem uitkomt.

Shiba's vergen behoorlijk wat werk, en hoewel ze de tijd en moeite zeker waard zijn, hebben mensen die nieuw zijn in het verzorgen van honden minder kans op succes. Dit kan ertoe leiden dat gezinnen hun pups terugbrengen. Wanneer mensen praten over het hoeden van katten, zou die uitdrukking net zo goed kunnen gaan over het hoeden van Shiba Inu's. Ze zijn ongelooflijk moeilijk te trainen, wat des te frustrerender is omdat je weet dat ze het kunnen leren. Ze willen gewoon niet. Het kost in het begin veel werk en een zeer stevige en consequente benadering van training. Voor sommigen zal zelfs dat niet genoeg zijn omdat ze simpelweg te onafhankelijk zijn om trucjes te doen.

HOOFDSTUK 3
Je Shiba Inu vinden

Als je denkt dat je een Shiba Inu de juiste liefde en begeleiding kunt geven, dan moet je ervoor zorgen dat je de juiste fokker vindt of de juiste vragen weet te stellen als je een volwassen hond wilt.

Volwassen hond vs. Pup

Dat wordt je volgende grote beslissing – hoeveel werk kun je aan? Kun je omgaan met een enthousiaste pup die nog alles moet leren? Of werk je liever met een volwassen hond die misschien problemen heeft waar je hem doorheen moet helpen? Puppy's zijn bijna altijd meer werk, maar je weet nooit welke ervaringen een volwassen hond heeft meegemaakt die van invloed zijn op hoe hij reageert op de wereld om hem heen.

De zoektocht naar je nieuwste gezinslid gaat even duren, zelfs als je besluit een volwassen hond te adopteren. Hoewel Shiba Inu's over het algemeen gezond zijn, kunnen er problemen ontstaan door onjuiste fokpraktijken en verzorging in het begin van het leven van een Shiba Inu. Om ervoor te zorgen dat je een gezonde pup krijgt die zo lang mogelijk je lief-

*Foto met dank aan
Rachel Deihl*

devolle metgezel zal zijn, moet je een betrouwbare fokker vinden die meer om de puppy's geeft dan om het geld.

Overwegingen en stappen voor het adopteren van een volwassen Shiba Inu

De aanpak voor het adopteren van een volwassen Shiba Inu is hetzelfde als voor het adopteren van een puppy bij een fokker. Bij zo'n intelligente, onafhankelijke hond wil je echter veel meer vragen stellen over het adopteren van een volwassen hond, vooral over de eerdere ervaringen van de hond.

Overwegingen

Het adopteren van een hond brengt altijd bepaalde risico's met zich mee. Hoewel het mogelijk is om Shiba Inu-puppy's te vinden bij asielen, is de kans veel groter dat je een volwassen geredde hond aantreft. Het adopteren van een oudere Shiba Inu kan veel werk vereisen, en hun geschiedenis is ontzettend belangrijk om te weten wat je kunt verwachten. Omdat ze erg koppig kunnen zijn, geven mensen soms een Shiba op zonder er veel moeite in te steken. Als een hond niet goed gesocialiseerd is, kan het lastig zijn om hem in een huis met andere huisdieren te brengen. Ze vormen meestal niet veel risico, maar ze kunnen wel je katten en andere kleine dieren lastigvallen.

Net als bij elke volwassen hond zijn er enkele overwegingen waar je goed over moet nadenken voordat je besluit een andere hond te adopteren. Bij een ras als de Shiba Inu moet je rekening houden met je huidige situatie en je geduld, evenals met wat je van je nieuwe viervoeter verwacht. Er is een goede reden waarom Shiba Inu's worden vergeleken met katten, wat ze niet ideaal maakt als je een hond wilt die je overal volgt en naar elk woord luistert.

Denk aan het volgende om te bepalen of een volwassen Shiba Inu goed past in jouw huis.

1. **Waarom wil je een volwassen hond in huis nemen? Wat zijn je verwachtingen van de hond?**
   Shiba Inu's zijn schattig, maar ze zijn erg onafhankelijk. Ze begrijpen misschien wel de commando's die je geeft, maar hebben simpelweg geen zin om te doen wat je zegt. Misschien kun je ze beter zien als kleine pubers, want ze hebben hun eigen manier van denken en weten wat ze willen. Als dit niet overeenkomt met wat je van hen vraagt, is er een grote kans dat ze je commando's niet zullen opvolgen.

Foto met dank aan
Vasiliki Georgopoulos

2. Heb je het geduld om te werken aan de problemen die een volwassen hond mogelijk heeft?

Opvangorganisaties verzamelen zoveel mogelijk informatie over de honden die ze opvangen, maar hun kennis over de geschiedenis van een hond is meestal zeer beperkt. De voordelen van het adopteren van een Shiba Inu zijn vergelijkbaar met die van het adopteren van elke andere asielhond, maar als ze niet goed zijn getraind, staat je mogelijk nog wat werk te wachten. Je moet hun temperament kennen zodat je kunt beginnen met plannen hoe je de hond kunt helpen om eerdere ervaringen te overwinnen en problemen op te lossen. De kans is groot dat je niet helemaal opnieuw hoeft te beginnen met zindelijkheidstraining. Volwassen honden zijn vaker wakker dan puppy's en, hoewel het wat langer kan duren voordat ze aan je gewend raken, kun je veel sneller een band opbouwen met een volwassen hond, afhankelijk van hun leeftijd. Volwassen Shiba Inu's kunnen terughoudend zijn, zeker als ze niet gesocialiseerd zijn of eerder slecht zijn behandeld. Maar zodra ze zich veilig voelen, komt hun liefdevolle aard vaak snel naar boven. Je nieuwe hond wil in het begin misschien ook niet met je knuffelen (en wordt daar misschien nooit dol op), wat ontmoedigend kan zijn, maar geef de hond tijd en je kunt hem misschien overtuigen om wat socialer te worden. Zodra je volwassen hond een band met je heeft opgebouwd, is het alsof er een schakelaar wordt omgezet, en dan kun je je geen liefdevoller, loyaler en intelligenter viervoeter wensen.

3. Ben je in staat om je huis goed hondproof te maken voordat de hond arriveert?

Je kunt niet zomaar een volwassen hond in je huis brengen en hem ongecontroleerd laten rondlopen. Iets wat vergelijkbaar is met het voorbereiden van je huis op puppy's, is dat je je huis hondveilig moet maken voor een geadopteerde hond. Je moet alles klaar hebben voordat de hond arriveert. De meeste mensen denken dat het niet nodig is om voorbereidingen te treffen voor een volwassen hond en vergeten hun huis goed klaar te maken, een enorme fout als je zo'n bekwame ontsnappingskunstenaar in huis haalt. Net als bij een puppy heb je een speciale ruimte nodig voor je nieuwe hond om ervoor te zorgen dat hij de regels leert voordat hij vrij door het huis mag lopen. Ze kunnen erg destructief zijn als ze zich vervelen, dus je wilt niet dat je hond vrij rondloopt zonder de huisregels te kennen. Dat gezegd hebbende, moet je een volwassen Shiba Inu niet het grootste deel van de tijd in een bench opgesloten houden. In het begin heb je een grote ruimte nodig waar de hond vertrouwd kan raken met jou en je huis terwijl je de persoonlijkheid en capaciteiten van je nieuwe hond beoordeelt. Dit is een vrij belangrijke overweging, vooral als je andere honden en katten hebt, omdat je harmonie in je huis wilt garanderen.

4. **Heb je huisdieren die beïnvloed zullen worden door de komst van een dominante hond?**
Shiba Inu's worden niet geïntimideerd door grotere honden of dieren. Voor hen is iedereen een potentiële onderdaan. Ze willen de baas zijn, en dus is je eerste taak om ervoor te zorgen dat je puppy leert dat hij niet de baas is. Dit kan zeer verstorend zijn in huizen waar al een alfahond aanwezig is. Je katten kunnen wel of niet last hebben van de komst van een Shiba Inu. Hoofdstuk 8 behandelt hoe Shiba Inu's waarschijnlijk verschillende huisdieren zullen beïnvloeden, maar je moet hierover nadenken voordat je besluit een Shiba Inu in je huis te introduceren.

Goede Shiba Inu-specifieke opvangorganisaties zijn voorzichtig met het laten adopteren van een hond met persoonlijkheids- en socialisatieproblemen (die zijn er wel, waaronder honden uit puppyfabrieken en honden die nalatige of mishandelende eigenaren hadden voordat ze werden gered). Gewone asielen zullen minder voorzichtig zijn met het laten adopteren van Shiba Inu's omdat ze populair zijn en weinig risico vormen voor de meeste huishoudens.

Je kunt misschien geen volledig medisch dossier krijgen voor een volwassen Shiba Inu, maar het is waarschijnlijk dat je een hond vindt die al gesteriliseerd of gecastreerd is, en ook gechipt. Tenzij je een Shiba Inu adopteert met bekende gezondheidsproblemen (die de opvangorganisatie hoort te vermelden), zijn geadopteerde honden bij het eerste dierenartsbezoek vaak minder duur dan puppy's – en in de eerste jaren betaal je waarschijnlijk ook minder voor hun gezondheidszorg. Je zult wel veel meer tijd besteden aan training en beweging. Puppy's hebben een korte aandachtsspanne, wat neerkomt op veel korte trainingssessies. Volwassen honden hebben meer aandacht nodig en langere trainingen zodat ze eraan wennen naar je te luisteren. Deze toegewijde aandacht is niet alleen goed voor het aanleren van de huisregels, maar ook voor het opbouwen van een band met de hond.

Oudere honden geven je meer directe voldoening. Je hoeft niet door die slapeloze nachten met een nieuwe puppy te gaan of de eindeloze frustratie die gepaard gaat met de eerste trainingen. Alle intelligente honden vereisen veel van dezelfde tijd en aandacht als puppy's. Dat overslaan is een belangrijk deel van de aantrekkingskracht van oudere honden. Je moet echter veel voorzichtiger zijn, aangezien het waarschijnlijk langer duurt voordat ze gewend zijn aan hun nieuwe thuis.

Ten slotte, een van de grootste voordelen van het krijgen van een volwassen hond (naast het overslaan van zindelijkheidstraining) – ze hebben al hun volledige grootte bereikt. Je hoeft niet te gissen of te schatten hoe groot je hond zal worden, waardoor het veel gemakkelijker is om in het begin de juiste uitrusting en hondenbenodigdheden aan te schaffen.

Vergeet niet dat fokkers mogelijk ook oudere honden hebben die ze willen laten adopteren door een liefdevol gezin. Contracten en garanties zijn evenzeer bedoeld om de puppy's te beschermen als de gezinnen die ze adopteren. Als je een volwassen hond wilt, overweeg dan fokkers te bellen om te zien of ze volwassen honden beschikbaar hebben. Je zult hen andere vragen moeten stellen dan wanneer je een puppy zou adopteren, maar ze zullen je veel details kunnen geven over de hond, zijn persoonlijkheid en of er potentiële problemen zijn.

Stappen voor het adopteren van een Shiba Inu

Als je geïnteresseerd bent in adoptie via een opvangorganisatie of -groep, zijn er verschillende dingen om rekening mee te houden. Dit gedeelte behandelt de vragen die je zou moeten stellen. Als je overweegt een puppy te adopteren van een opvanggroep in plaats van een fokker, stel dan dezelfde vragen die in dat gedeelte worden gegeven om te weten welke vragen je moet stellen voordat je een puppy adopteert.

Als je bij een fokker een volwassen hond wilt adopteren, kun je deze sectie ook gebruiken om hen te ondervragen.

Om een beter beeld te krijgen van de opvangorganisatie en hoeveel ze weten over de honden die ze laten adopteren, stel je de volgende vragen.

- Wat was de reden dat de hond werd afgestaan?
- Had de hond gezondheidsproblemen toen hij aankwam?
- Weten ze hoe de hond werd behandeld door de vorige familie (inclusief welke training de hond heeft gehad, of hij mishandeld werd, of dat hij gesocialiseerd was)?
- Hoeveel huizen heeft de hond volgens hen gehad?
- Welke diergeneeskundige zorg heeft de hond gehad? Hebben ze dossiers van voordat de hond in hun zorg kwam?
- Zal de hond extra medische aandacht nodig hebben op basis van bekende of vermoedelijke problemen?
- Is de hond zindelijk?

- Hoe reageert de hond op vreemden en wandelingen in bekende gebieden?
- Loopt de hond goed aan de lijn, of is een speciale halster (zoals een gentle lead of tuigje) nodig?
- Heeft de hond goede eetgewoonten? Is hij agressiever tijdens het eten?
- Hoe reageert de hond op kinderen en andere huisdieren?
- Heeft de hond bekende aanvullende dieetbeperkingen?
- Neemt de organisatie de hond terug als er problemen worden vastgesteld met de hond na adoptie?

Fokkers kunnen een geweldige bron zijn voor het adopteren van oudere Shiba Inu's, vooral als je al huisdieren in huis hebt. Aangezien de volwassen hond momenteel met andere honden samenleeft, betekent dit dat ze een bepaald niveau van socialisatie hebben en misschien al weten hoe ze kunnen voorkomen dat ze vanaf het begin de baas proberen te spelen. De fokkers hebben ook een vollediger kennis van de geschiedenis van de Shiba Inu, wat altijd wenselijk is voor raszuivere honden.

Overwegingen voor het adopteren van een puppy en het kiezen van een fokker

Puppy's zijn een grote tijdsinvestering, en een hond die zo intelligent en eigenzinnig is als de Shiba Inu zal sommige aspecten van het opvoeden van een puppy nog moeilijker maken. Er zijn enkele overwegingen waar je echt over moet nadenken voordat je besluit een puppy te adopteren.

Denk aan het volgende om te bepalen of een Shiba Inu-puppy goed past in jouw huis.

1. **Hoeveel tijd heb je beschikbaar? Ben je bereid al je vrije tijd op te geven en je schema aan te passen aan je puppy?**

Een van de grootste overwegingen is hoeveel tijd je bereid bent te investeren. Alle puppy's zijn veel werk, vanaf het moment dat de puppy in jouw zorg komt. Hoewel het temperament van het ras grotendeels voorspelbaar is, zal de manier waarop je je puppy traint en socialiseert bijna elk aspect van het volwassen leven van de hond beïnvloeden. Training en socialisatie kunnen in de begindagen een groot deel van je tijd in beslag nemen, maar ze zijn absoluut essentieel voor het opvoeden van een gezonde Shiba Inu.

Je wilt ook dat de puppy weet dat jouw huis veilig is en dat iedereen het beste met de puppy voor heeft. Dit kan uitputtend zijn omdat de honden vanaf jonge leeftijd veel energie hebben. Zonder goede training en socialisatie kun je een hond krijgen die te onstuimig en destructief is, en die je pogingen om hem te trainen negeert.

2. **Ben je in staat om streng en consequent te zijn tegenover zo'n schattige puppy?**
Vanaf het allereerste begin moet je jezelf en je gezin neerzetten als degenen die de leiding hebben, zodat je Shiba Inu de hiërarchie begrijpt vanaf het moment dat hij je huis binnenkomt. Hij zal misschien niet altijd luisteren, maar je kunt hem niet laten denken dat hij de baas is.

3. **Heb je de tijd, energie en het budget om je huis puppyproof te maken?**
Het werk om je huis voor te bereiden op de komst van je puppy begint echter lang voordat je puppy arriveert. Het puppy-proof maken van je huis is net zo tijdrovend als het kindveilig maken van je huis. Het is essentieel om je huis puppy-proof te maken, maar je moet nog steeds constant een oog op je puppy houden nadat het kleintje is gearriveerd. Als je geen tijd hebt om je huis puppy-proof te maken, dan zou je moeten overwegen een volwassen hond te nemen (je zou waarschijnlijk ook een ander ras moeten overwegen, omdat een Shiba Inu van elke leeftijd die in huis wordt gebracht een grote tijdsinvestering zal zijn). Hoofdstuk 5 geeft details over wat je moet doen om je huis voor te bereiden.

Aan de positieve kant zul je meer tijd hebben om samen te leven met een puppy dan met een volwassen hond. Je zult dossiers hebben over de puppy en de ouders van de puppy, waardoor het gemakkelijker wordt om de potentiële problemen te identificeren waar je Shiba Inu aan kan lijden. Dit maakt het aanzienlijk gemakkelijker om ervoor te zorgen dat je puppy gezond blijft en potentiële problemen eerder op te sporen.

Sommige mensen vinden het gemakkelijker om een band op te bouwen met puppy's dan met volwassen honden. Een jonge puppy zal nerveus zijn in een nieuw huis, maar de meesten passen zich snel aan omdat ze van nature geneigd zijn om te genieten van het gezelschap van degenen om hen heen. Je belangrijkste taak zal zijn om je puppy te beschermen en ervoor te zorgen dat je hem geduldig traint. We zullen dit meer behandelen in een later hoofdstuk.

Het vinden van een verantwoordelijke fokker is het beste wat je kunt doen voor je puppy, aangezien goede fokkers alleen werken met gezonde ouders, waardoor de kans kleiner is dat een puppy ernstige gezondheidsproblemen zal hebben. Neem altijd de tijd om fokkers te onderzoeken. Hoewel dit een ras is dat meer onderhoud vereist – of in ieder geval veel geduld en bereidheid om door de koppigheid heen te werken – zullen de meeste mensen die niet bereid zijn er tijd in te steken dat ook niet doen. Hoewel de meeste fokkers van Shiba Inu's betrouwbaar zijn, betekent dat niet dat er geen fokkers zijn die vooral geïnteresseerd zijn in het verdienen van veel geld. Een fokker kiezen

Een fokker kiezen

Zodra je genoeg over het ras begrijpt om te weten waar je aan begint, is het tijd om met fokkers te gaan praten. Het doel is om te bepalen welke fokkers bereid zijn de tijd te nemen om geduldig en grondig al je vragen te beantwoorden. Ze zouden evenveel liefde voor hun Shiba Inu moeten hebben als ze willen dat jij voelt voor je nieuwe puppy. En ze zouden ervoor willen zorgen dat hun puppy's naar goede huizen gaan.

Als je iemand vindt die regelmatig foto's en informatie plaatst over de ouders en de voortgang van de zwangerschap en dierenartsbezoeken van de moeder, is dat een zeer goed teken. De beste fokkers zullen niet alleen praten over hun honden en de plannen voor de ouders in de toekomst, ze zullen ook contact met je houden nadat je de puppy mee naar huis hebt genomen en eventuele vragen beantwoorden die zich voordoen. Dit zijn de soort fokkers die waarschijnlijk wachtlijsten hebben. De actieve interesse in wat er later met de puppy's gebeurt, toont aan dat ze veel geven om elke individuele hond. Je wilt ook een fokker vinden die bereid is te praten over de potentiële problemen met Shiba Inu's. Goede fokkers willen ervoor zorgen dat het gezin dat een van hun puppy's adopteert in staat is om een Shiba Inu goed te socialiseren en te trainen. Beide activiteiten zijn essentieel naarmate een puppy volwassen wordt.

Het is waarschijnlijk dat voor elke fokker die je belt het gesprek ongeveer een uur zal duren. Als een fokker geen tijd heeft om te praten en niet bereid is om later met je te praten, kun je ze van je lijst schrappen. Nadat je met elke mogelijke fokker hebt gesproken, vergelijk je de antwoorden.

Hieronder staan enkele vragen die je kunt stellen. Zorg ervoor dat je zorgvuldige aantekeningen maakt tijdens het interviewen van de fokkers:

- Vraag of je persoonlijk op bezoek kunt komen. Het antwoord moet altijd ja zijn, en als dat niet zo is, hoef je niets verder te vragen. Bedank de fokker en hang op. Zelfs als de fokker in een andere provincie is gevestigd, moeten ze je toestaan de faciliteit te bezoeken.
- Vraag naar de vereiste gezondheidstests en certificeringen die ze hebben voor hun puppy's. Deze punten worden verder uitgewerkt

in de volgende sectie, dus zorg ervoor dat je de beschikbare tests en certificeringen voor elke fokker afvinkt. Als ze niet alle tests en certificeringen hebben, wil je de fokker misschien uit overweging nemen.

- Zorg ervoor dat de fokker altijd zorgt voor alle initiële gezondheidseisen in de eerste weken tot de eerste maanden, vooral inentingen. Puppy's vereisen dat bepaalde procedures worden uitgevoerd voordat ze hun moeder verlaten om ervoor te zorgen dat ze gezond zijn. Vaccinaties en ontwormen beginnen meestal rond zes weken na de geboorte van de puppy's, en moeten daarna elke drie weken worden voortgezet. Tegen de tijd dat je puppy oud genoeg is om naar huis te komen, zou hij al ver in de procedures moeten zijn, of zelfs helemaal klaar met de eerste fasen van deze belangrijke gezondheidszorgbehoeften.

- Vraag of de puppy gesteriliseerd of gecastreerd moet worden voordat hij een bepaalde leeftijd bereikt. Meestal worden deze procedures uitgevoerd in het belang van de puppy's.

- Kom te weten of de fokker deel uitmaakt van een Shiba Inu-organisatie of -groep.

- Vraag naar de eerste fasen van het leven van je puppy, zoals hoe de fokker van plan is om voor de puppy te zorgen tijdens die eerste paar maanden. Ze zouden veel details moeten kunnen geven, en ze zouden dit moeten doen zonder te klinken alsof ze geïrriteerd zijn dat je het wilt weten. Ze zullen je ook laten weten hoeveel training je kunt verwachten voordat de puppy in je huis arriveert. Het is mogelijk dat de fokker al begint met de zindelijkheidstraining van de puppy. Vraag hoe snel de puppy de training heeft opgepikt. Je wilt kunnen doorgaan waar de fokker gebleven is zodra je Shiba Inu je huis bereikt.

- Kijk wat voor advies de fokker geeft over het opvoeden van je Shiba Inu-puppy. Ze zouden meer dan blij moeten zijn om je te helpen bij het doen wat het beste is voor je hond, omdat ze willen dat de puppy's gelukkige, gezonde levens leiden. Je zou ook moeten kunnen vertrouwen op de aanbevelingen, adviezen en aanvullende zorg van een fokker nadat de puppy in je huis is aangekomen. In principe krijg je klantenondersteuning, evenals een grote kans op het hebben van een gezonde hond.

- Hoeveel rassen beheren ze per jaar? Hoeveel ouderparen hebben de fokkers? Puppy's kunnen veel tijd en aandacht vergen, en de moeder zou wat rusttijd moeten hebben tussen zwangerschappen. Leer over de standaardwerkwijzen van de fokker om erachter te komen of ze voor de ouders zorgen en ze behandelen als waardevolle familieleden en niet alleen als een manier om geld te verdienen.

- Vraag naar agressie bij de ouders. Kom ook te weten of ze andere hondenrassen in huis hebben. Puppy's zijn qua karakter nog goed te vormen, maar als ze al wat gewend zijn aan andere rassen, is het vaak makkelijker om ze in een huishouden met andere honden te laten wennen. Contracten en garanties

Contracten en garanties

Contracten en garanties van fokkers zijn bedoeld om de puppy's te beschermen, net zozeer als ze bedoeld zijn om jou te beschermen. Als een fokker een contract heeft dat moet worden ondertekend, zorg er dan voor dat je het volledig doorleest en bereid bent om aan alle eisen te voldoen voordat je het ondertekent. De contracten zijn meestal vrij gemakkelijk te begrijpen en na te leven, maar je moet op de hoogte zijn van alle feiten voordat je ergens mee instemtNaast het betalen voor de puppy, geef je met het ondertekenen van het contract aan dat je serieus bent over de zorg voor je puppy en bereid bent te voldoen aan de minimale vereisten die door de fokker zijn vastgesteld. Een contract kan ook vermelden dat de fokker de originele registratiedocumenten van de puppy behoudt, hoewel je een kopie van de papieren kunt krijgen.

Wanneer een gezin zich niet houdt aan de overeenkomst uit het contract, kan de fokker de puppy bij dat gezin weghalen. Dit zijn de honden die sommige fokkers beschikbaar hebben voor adoptie.

De garantie vermeldt welke gezondheidsvoorwaarden de fokker belooft voor hun puppy's. Dit omvat meestal details over de gezondheid van de hond en aanbevelingen voor de volgende stappen in de verzorging van de puppy zodra deze de faciliteit van de fokker verlaat. Garan-

Foto met dank aan Brooke Steinbach

ties kunnen ook schema's bevatten om ervoor te zorgen dat de gezondheidszorg die door de fokker is gestart, wordt voortgezet door de nieuwe puppy-ouder. In het geval dat een groot gezondheidsprobleem wordt gevonden, moet de puppy worden teruggebracht naar de fokker. Het contract zal ook uitleggen wat niet wordt gegarandeerd. De garantie is meestal erg lang (soms langer dan het contract), en je moet het grondig lezen voordat je het ondertekent.

Shiba Inu-contracten komen meestal met een verplichting om de hond te laten steriliseren of castreren zodra deze volwassen is (meestal zes maanden). Het contract kan ook naamvereisten, gezondheidsdetails en een bepaling bevatten voor wat er zal gebeuren als je niet langer voor het dier kunt zorgen (de hond gaat meestal terug naar de fokker). Het kan ook informatie bevatten over wat er zal gebeuren als je nalatig bent of je hond mishandelt.

Gezondheidstests en certificeringen

"Het is belangrijk om te weten waar je Shiba-pup vandaan komt. Een fokker zou je de geschiedenis van de ouders moeten laten zien. Als ze dat niet met je willen delen, dan zou ik een andere fokker kiezen die dat wel doet. Heupdysplasie is iets om op te letten, ogen, beet, houding, de punt en kromming van de oren en meer."

Jan Hill
Dark Knight Shibas

Een gezonde puppy vereist gezonde ouders en een schone genetische geschiedenis. Een goede fokker houdt uitgebreide dossiers bij van elke puppy en de ouders. Je wilt de volledige geschiedenis van elk van de ouders bekijken om te begrijpen welke eigenschappen je puppy waarschijnlijk zal erven. Let op leervermogen, temperament, aanhankelijkheid en elke persoonlijkheidstrek die je belangrijk vindt. Je kunt vragen om documenten elektronisch naar je te sturen of ze ophalen wanneer je de fokker persoonlijk bezoekt.

Het kan even duren om de informatie van de fokker over elke ouder te bekijken, maar het is altijd de tijd waard die je besteedt aan studeren en plannen. Hoe meer je weet over de ouders, hoe beter je voorbereid zult zijn op je puppy.

Bij het zoeken naar een Shiba Inu om te adopteren, zijn er enkele gezondheidsproblemen waar je fokkers of asiels naar zou moeten vragen.

Hieronder staan gezondheidstests die alle serieuze fokkers zouden moeten laten uitvoeren bij hun Shiba Inu's:

- **Heup- en elleboogevaluatie** – officiële HD/ED-onderzoeken om de puppy's te testen op dysplasie
- **Patella-evaluatie** – een probleem met de knieschijven van een hond
- **ECVO-oogonderzoek** – oogonderzoek door een gecertificeerde veterinaire oogarts die deel uitmaakt van het Nederlandse ECVO-panel (European College of Veterinary Ophthalmologists)

Fokkers die aangesloten zijn bij NIPPON INU of de NVAI (Nederlandse Vereniging voor Aziatische en Ibizaanse rassen) bewijzen dat ze serieus zijn over de gezondheid van hun puppy's. Deze door de Raad van Beheer erkende rasverenigingen vereisen dat aan gestandaardiseerde eisen wordt voldaan, dus lidmaatschap geeft aan dat de fokkers betrouwbaar en gerenommeerd zijn. Bovendien worden fokkers die lid zijn van deze verenigingen gecontroleerd bij elk nest door de Raad van Beheer.

Een puppy selecteren bij een fokker

"De Shiba-pup die meteen naar je toe komt, is waarschijnlijk meer het type hond dat 'de grenzen test'. Verlegen is echter niet per se goed, omdat een verlegen Shiba bijterig kan worden als hij in het nauw wordt gedreven. Let op alertheid en hoge staarten: dat zijn tekenen van dominantie. Dat kan goed zijn als dat is wat je wilt, maar zorg ervoor dat je weet dat hoe meer dominantie een pup toont, hoe waarschijnlijker het is dat hij zijn grenzen zal testen en zal pushen om te zien hoever je hem zult laten gaan."

Jeffrey Kellen
JAK Kennel

Het selecteren van je puppy moet persoonlijk gebeuren. Je kunt echter al beginnen met het bekijken van je puppy na de geboorte als de fokker bereid is om video's en foto's te delen. Wanneer je eindelijk de puppy's persoonlijk mag zien, overweeg dan het volgende:

- Beoordeel de groep puppy's als geheel. Als de meeste of alle puppy's agressief of angstig zijn, is dit een indicatie van een probleem met het nest of (waarschijnlijker) de fokker. Hier zijn enkele rode vlaggen als ze door een meerderheid van de puppy's worden vertoond:

- Ingetrokken staarten
- Terugdeinzen voor mensen
- Jammeren wanneer mensen dichtbij komen
- Constant aanvallen van je handen of voeten (meer dan alleen speels springen)

- Let op hoe goed elke puppy met de anderen speelt. Dit is een geweldige indicator voor hoe goed je puppy zal reageren op eventuele huisdieren die je al thuis hebt.

- Let op welke puppy's je als eerste begroeten, en welke achterblijven om te observeren.

- De puppy's mogen niet dik of ondervoed zijn, wat toegegeven moeilijk te zien kan zijn met hun dikke vacht. Een gezwollen buik is over het algemeen een teken van wormen of andere gezondheidsproblemen.

Foto met dank aan
Janice Hill
Darknight Shibas

- Puppy's moeten rechte, stevige poten hebben. Gespreide poten kunnen een teken zijn dat er iets mis is.

- Onderzoek de oren van de puppy op mijten, die afscheiding zullen veroorzaken. De binnenkant van het oor moet roze zijn, niet rood of ontstoken.

- De ogen moeten helder en levendig zijn.

- Controleer de mond van de puppy op roze, gezond uitziend tandvlees.

- Aai de puppy om zijn vacht te controleren op het volgende:

  - Zorg ervoor dat de vacht dik en vol aanvoelt. Als de fokker de vacht heeft laten vervilten of echt vuil heeft laten worden, is dat een indicatie dat ze waarschijnlijk niet goed voor de dieren zorgen.

  - Controleer op vlooien en mijten door met je hand van het hoofd naar de staart te gaan, en dan onder de staart (vlooien verstoppen zich vaker onder de staart van de meeste honden). Mijten kunnen eruitzien als roos.

- Controleer het achterste van de puppy op roodheid en wondjes en kijk of je de laatste ontlasting kunt controleren om er zeker van te zijn dat deze stevig is.

Kies de puppy die de persoonlijkheidskenmerken vertoont die je in je hond wilt. Als je een vooruitstrevende, vriendelijke, opgewonden hond wilt, is de eerste puppy die je begroet misschien degene die je zoekt. Als je een hond wilt die dingen overdenkt en anderen meer aandacht laat krijgen, zoek dan naar een puppy die achterover leunt en je observeert voordat hij naar je toe komt.

HOOFDSTUK 4
Je Gezin Voorbereiden

H et voorbereiden van je gezin en huisdieren op de komst van een Shiba Inu zal waarschijnlijk de opwinding vergroten terwijl je je klaarmaakt voor de aankomst van deze vosachtige lieverd. In het begin zal er enige onduidelijkheid zijn over wie de baas is, en dat kan erg frustrerend zijn. Je moet dit niet alleen zelf onthouden, maar ook zorgen dat alle gezinsleden dit in gedachten houden. Dat is slechts een van de eerste regels die je moet opstellen voordat je Shiba Inu arriveert.

Het Budget voor het Eerste Jaar Plannen

De verzorging van een pup is veel duurder dan je zou denken. Je hebt een budget nodig, wat een goede reden is om al een paar maanden van tevoren benodigdheden aan te schaffen. Wanneer je de nodige spullen koopt, krijg je een beter beeld van hoeveel je maandelijks zult uitgeven. Natuurlijk zijn er artikelen die je slechts eenmalig aanschaft, maar veel andere zaken moeten regelmatig worden gekocht, zoals voer en beloningen.

Begin met budgetteren op de dag dat je besluit een pup te nemen. De kosten omvatten de adoptiekosten, die doorgaans hoger zijn voor een rashond dan voor een asielhond.

De dierenarts en andere gezondheidszorgkosten, zoals regelmatige vaccinaties en een jaarlijkse controle, moeten in je budget worden opgenomen.

De volgende tabel kan je helpen bij het plannen van je budget. Houd er rekening mee dat de prijzen ruwe gemiddelden zijn en aanzienlijk kunnen verschillen afhankelijk van waar je woont.

Item	Overwegingen	Geschatte Kosten
Bench	Dit moet een comfortabele plek zijn waar de puppy kan slapen en uitrusten.	Draadkooien: Prijs €60 tot €350 Draagbare bench: Prijs €35 tot €200
Mandje	Dit wordt in de bench geplaatst.	€10 tot €55

Riem	In het begin moet deze kort zijn, zodat je je puppy kunt tegenhouden als hij te enthousiast wordt en naar het einde van een lange lijn rent.	Korte riem: €6 tot €15 Uittrekbaar: €8 tot €25
Poepzakjes voor wandelingen	Als je in parken wandelt, is dit niet nodig. Voor degenen die niet dagelijks toegang hebben tot zakjes, is het verstandig om verpakkingen te kopen zodat je niet zonder komt te zitten.	Enkelen kosten minder dan €1 per stuk. Verpakkingen: €4 tot €16
Halsband	Deze moet comfortabel passen zonder te los of strak te zitten. Het kan lastig zijn om dit in het begin goed te krijgen, en je moet het aanpassen naarmate je puppy groeit.	€10 tot €30
Penningen	Deze krijg je waarschijnlijk van je dierenarts. Informeer welke informatie op de penningen staat en koop eventuele extra penningen die nodig zijn. Minimaal moet je Shiba Inu een penning met je adres hebben voor het geval de pup ontsnapt.	Neem contact op met je dierenarts voordat je koopt om te controleren of de vereiste rabiëslabels je contactgegevens bevatten.
Puppyvoer	Dit hangt ervan af of je zelf Shiba Inu-voer maakt, koopt, of beide. Hoe groter de zak, hoe hoger de kosten, maar hoe minder vaak je hoeft te kopen. In het begin heb je specifiek puppyvoer nodig, maar dit stopt na het tweede jaar. Volwassen hondenvoer is duurder, dus plan voor een kostenstijging zodra je puppy volwassen is.	€9 tot €90 per zak
Water- en voerbakken	Deze moeten in de aangewezen ruimte van de puppy blijven. Als je andere honden hebt, heb je aparte voerbakken voor de puppy nodig. Als je puppy een fervente kauwer blijkt te zijn, overweeg dan een roestvrijstalen bak.	€10 tot €40
Tandenborstel/ Tandpasta	Je moet regelmatig zijn tanden poetsen, dus plan om meer dan één tandenborstel in het eerste jaar te kopen.	€2,50 tot €14
Borstels	De vacht van een Shiba Inu is vrij eenvoudig te onderhouden, maar je moet toch regelmatig borstelen. Bij puppy's biedt borstelen een goede manier om te binden.	€3,50 tot €20

Speelgoed	Je wilt zeker speelgoed voor je puppy halen, en je hebt ook speelgoed nodig voor pups die graag overal op kauwen, zelfs als je puppy er snel doorheen gaat. Het kan handig zijn om je Shiba Inu ook als volwassen hond speelgoed te blijven geven (kosten van speelgoed voor volwassen honden niet inbegrepen).	€2,00 Pakketten met speelgoed variëren van €10 tot €20 (handiger op de lange termijn, want je pup kauwt snel door speelgoed heen)
Trainingssnoepjes	Je hebt deze vanaf het begin nodig, en je hoeft waarschijnlijk niet van snoepjes te veranderen op basis van de leeftijd van je Shiba Inu; je moet misschien wel wisselen om de interesse van je hond te behouden.	€4,50 tot €15

Het verschil in grootte tussen de pup en een volwassen hond is niet substantieel, dus je hoeft geen twee verschillende benches of andere benodigdheden aan te schaffen. Je zult echter wel enkele hondenspullen moeten aanpassen, zoals de halsband.

Kinderen Instrueren

Je wilt dat je pup zich vanaf het begin op zijn gemak voelt, wat betekent dat je ervoor moet zorgen dat je kinderen voorzichtig en zachtaardig met de hond omgaan, of je nu van plan bent een pup of een volwassen hond te adopteren. Dit is een ras dat er absoluut schattig uitziet, en sommige kinderen zullen proberen om ze als een speeltje of knuffel te behandelen, wat nadelig kan zijn voor je hond – vooral als je een pup krijgt. Je zult ervoor moeten zorgen dat je kinderen vanaf het begin alle regels volgen om ervoor te zorgen dat je pup zich veilig en gelukkig voelt in je huis.

Herhaal de volgende regels regelmatig, zowel voor als na de komst van de pup. Oudere tieners zullen waarschijnlijk prima kunnen helpen met de pup, maar jongere tieners en kinderen moeten de eerste paar maanden niet alleen met de pup worden gelaten. Onthoud dat je heel streng moet zijn om ervoor te zorgen dat de pup niet gewond of bang raakt.

Hieronder staan de vijf gouden regels die je kinderen vanaf de allereerste interactie moeten volgen.

1. Wees altijd zachtaardig en respectvol.

*Foto met dank aan
Pervie Villareal*

2. Stoor de pup niet tijdens het eten.

3. Achtervolgen is een buitenspel.

4. Speel geen trekspelletjes totdat de pup getraind is.

5. De Shiba Inu moet altijd stevig op de grond blijven staan.

6. Al je waardevolle spullen moeten buiten het bereik van de pup worden gehouden.

Aangezien je kinderen zullen vragen waarom, hier is de uitleg die je ze kunt geven. Je kunt ze vereenvoudigen voor jongere kinderen, of een gesprek beginnen met tieners.

Wees Altijd Zachtaardig En Respectvol

Kleine Shiba Inu puppy's zijn erg schattig en knuffelig, maar ze zijn ook kwetsbaarder dan hun stoere uiterlijk doet vermoeden. Op geen enkel moment mag iemand ruw spelen met de pup (of een volwassen Shiba Inu). Het is belangrijk om respectvol te zijn naar je pup toe om die pup te helpen leren ook respectvol te zijn naar mensen en andere dieren.

Deze regel moet consequent worden toegepast elke keer dat je kinderen met de pup spelen. Wees streng als je ziet dat je kinderen te opgewonden of ruw worden. Je wilt niet dat de pup ook te opgewonden raakt, want dan zou hij kunnen gaan happen of bijten. Als hij dat doet, is het niet zijn schuld omdat hij nog niet beter weet – het is de schuld van het kind. Zorg ervoor dat je kinderen de mogelijke gevolgen begrijpen als ze te ruw worden.

Etenstijd

Shiba Inu's kunnen, net als bijna elk ras, beschermend zijn over hun voer, vooral als je een hond adopteert die eerder voor zichzelf heeft moeten zorgen. Zelfs als je een pup hebt, wil je niet dat hij zich onzeker voelt over zijn eten, want dat zal hem leren agressief te zijn tijdens het eten. Bespaar jezelf, je gezin en je Shiba Inu problemen door ervoor te zorgen dat iedereen weet dat de etenstijd de tijd is waarop je Shiba Inu alleen gelaten moet worden. Leer je kinderen ook dat hun eigen etenstijd verboden terrein is voor de pup. Geen voeren vanaf tafel.

Foto met dank aan
Inger Lise Fløtten

Achtervolgen

Zorg ervoor dat je kinderen begrijpen waarom een spelletje achtervolgen buiten prima is (hoewel je het moet controleren), maar binnen in huis is het spel verboden.

Rennen in huis geeft je Shiba Inu pup de indruk dat je huis van binnen niet veilig is omdat hij wordt achtervolgd. En het leert je pup dat rennen binnenshuis prima is, wat erg gevaarlijk kan zijn als de hond ouder en groter wordt. Een van de laatste dingen die je wilt, is dat je Shiba Inu door je huis raast en mensen omver loopt omdat het voor hem prima was om in huis te rennen toen hij een pup was.

Trekspelletjes

Trekspelletjes zijn spelletjes die altijd moeten wachten tot puppy's van elk ras getraind zijn om naar je te luisteren. Van speelgoed tot dekens tot kussens, je pup zal willen trekken. Maar eerst moet je vaststellen wat wel en geen spel is. Stuur geen gemengde signalen naar de pup. Als je het spel te vroeg speelt, zal het je hond aanmoedigen om je uit te dagen. Bij een koppig ras als de Shiba Inu wil je de pup niet de verkeerde indruk geven. Het is het beste om te wachten tot de hond goed getraind is voordat je aan dit specifieke spel begint.

Pootjes Op De Grond

Dit is een regel die waarschijnlijk veel uitleg aan je kinderen zal vereisen, aangezien Shiba Inu's veel op speelgoed lijken, vooral Shiba Inu puppy's. Niemand zou de pup van de grond moeten tillen. Je wilt je nieuwe gezinslid misschien rondsjouwen of met de pup spelen als een baby, maar jij en je gezin zullen die drang moeten weerstaan. Vooral kinderen hebben moeite om dit te begrijpen, omdat ze de Shiba Inu pup meer als een speeltje zien dan als een levend wezen. Hoe jonger je kinderen zijn, hoe moeilijker het voor hen zal zijn om het verschil te begrijpen. Het is zo verleidelijk om de Shiba Inu als een baby te behandelen en te proberen hem als zodanig te dragen, maar dit is ongelooflijk oncomfortabel en ongezond voor de pup. Oudere kinderen zullen snel leren dat een hapje of beet van een pup veel meer pijn doet dan je zou denken. Die kleine tandjes zijn behoorlijk scherp, en je wilt niet dat de pup valt. wordt laten vallen. Als je kinderen leren om de pup nooit op te pakken, zullen de dingen veel beter gaan. Onthoud dat dit ook voor jou geldt, dus maak de dingen niet moeilijk door iets te doen wat je je kinderen voortdurend verbiedt.

Foto met dank aan
Brooke Steinbach

Houd Waardevolle Spullen Buiten Bereik

Waardevolle spullen wil je niet in de mond van de pup laten belanden, of het nu gaat om speelgoed, sieraden of schoenen. Je kinderen zullen niet bepaald blij zijn als een nieuwsgierige pup hun spullen stukkauwt. Leer ze daarom om speelgoed, kleding en andere waardevolle bezittingen buiten het bereik van de pup te houden. Je Huidige Honden Voorbereiden

Shiba Inu's neigen naar dominantie. Als ze puppy's zijn, heb je de kans om ze te socialiseren met je andere honden, zodat ze de hiërarchie zo vroeg mogelijk kennen. Je hoeft de hiërarchie niet vast te stellen, maar je moet er wel voor zorgen dat iedereen zich op zijn gemak voelt en zeker is van zijn plaats in de roedel. Dit betekent dat als je al honden in huis hebt, ze voorbereid moeten worden op de nieuwe aankomst.

Hier zijn de belangrijke taken om je huidige huisdieren voor te bereiden op je nieuwe aanwinst.

- Stel een schema op voor de activiteiten die je moet doen en de mensen die moeten deelnemen.
- Behoud de favoriete plekken en meubels van je huidige honden, en zorg ervoor dat hun speelgoed en spullen niet in de ruimte van de pup liggen.
- Organiseer speelafspraken bij jou thuis en analyseer je honden om te zien hoe ze reageren op een nieuwe toevoeging.

Foto met dank aan Karolina Bialkowska

45

Houd Je Aan Een Schema

Foto met dank aan Sophie Riggs

De pup zal natuurlijk veel aandacht krijgen, dus je moet een bewuste inspanning leveren om je huidige hond te laten weten dat je nog steeds van hem houdt en voor hem zorgt. Maak een specifiek moment in je schema alleen voor je huidige hond of honden, en zorg ervoor dat je niet van dat schema afwijkt na de komst van de pup.

Zorg ervoor dat er voor elke hond die je al hebt, minstens één volwassene aanwezig is om toezicht te houden. Katten zijn over het algemeen minder een zorg, maar je wilt waarschijnlijk ten minste één andere volwassene in de buurt hebben wanneer de pup thuiskomt. We zullen later meer in detail ingaan op de rollen van de andere volwassenen, maar zorg er voor nu voor dat je, zodra je weet op welke datum je je pup mee naar huis neemt, extra volwassenen hebt om te helpen. Je moet ze misschien herinneren naarmate de tijd nadert, dus stel een waarschuwing in op je telefoon, evenals de datum, tijd en ophaalinformatie voor je pup.

Een voordeel van het hebben van een schema voor je andere honden voordat je Shiba Inu-pup arriveert, is dat het daarna makkelijker wordt om ook met de pup een vast schema aan te houden. Shiba Inu's vinden het fijn om te weten wat ze kunnen verwachten, althans in het begin. Dit kan veranderen naarmate ze ouder worden, aangezien dit ras graag een behoorlijke mate van onafhankelijkheid heeft, net als een kat.

Je pup zal eten, slapen en het grootste deel van de dag en nacht in zijn toegewezen ruimte doorbrengen. Dit betekent dat de ruimte je huidige hond niet mag blokkeren van zijn favoriete meubels, bed of elke plek waar hij in de loop van de dag rust. Niets van de spullen van je huidige hond mag in dit gebied liggen, en dit geldt ook voor speelgoed. Je wilt niet dat je hond het gevoel krijgt dat de pup zijn territorium overneemt. Zorg ervoor dat je kinderen begrijpen dat ze nooit de spullen van je huidige hond in het gebied van de pup mogen leggen.

Je hond en de pup moeten in de eerste dagen uit elkaar worden gehouden (zelfs als ze vriendelijk lijken) totdat je pup klaar is met vaccinaties. Puppy's zijn in deze dagen vatbaarder voor ziektes, dus wacht tot de pup beschermd is voordat de honden tijd samen doorbrengen. Door de pup in de pupruimte te laten, houd je hem tijdens deze kritieke periode gescheiden.

Je Hond Helpen Voorbereiden – Extra Speel-afspraken Thuis

Hier zijn dingen die je hond het beste helpen voorbereiden op de komst van je pup.

- Denk na over de persoonlijkheid van je hond om je te helpen beslissen wat de beste manier is om je voor te bereiden op die eerste dag, week en maand. Elke hond is uniek, dus je zult rekening moeten houden met de persoonlijkheid van je hond om te bepalen hoe de dingen zullen gaan wanneer de nieuwe hond arriveert. Als je huidige hond van andere honden houdt, zal dit waarschijnlijk ook gelden wanneer de pup verschijnt. Als je hond territoriale neigingen heeft, moet je voorzichtig zijn met de introductie en de eerste paar maanden, zodat je huidige hond leert dat de Shiba Inu nu deel uitmaakt van de roedel. Opgewonden honden hebben speciale aandacht nodig om te voorkomen dat ze overmatig opgewonden raken wanneer een nieuwe hond thuiskomt. Je wilt niet dat ze zo opgewonden zijn dat ze per ongeluk de kleine Shiba Inu pijn doen.

- Denk na over de momenten waarop je andere honden in je huis hebt gehad en hoe je huidige hond reageerde op deze andere harige bezoekers. Als je hond territoriale neigingen vertoonde, moet je extra voorzichtig zijn met hoe je je nieuwe pup introduceert. Als je nog nooit een andere hond bij je thuis hebt gehad, organiseer dan een paar speelafspraken met andere honden voordat je nieuwe Shiba Inu-pup arriveert. Je moet weten hoe je huidige harige baby's zullen reageren op nieuwe honden in huis, zodat je je goed kunt voorbereiden. Een hond thuis ontmoeten is heel anders dan er een buiten het huis tegenkomen.

- Denk na over de interacties van je hond met andere honden zolang je de pup kent. Heeft je hond beschermend of bezitterig gedrag vertoond, hetzij met jou of anderen? Voedsel is een van de redenen waarom honden een vorm van agressie kunnen vertonen, omdat ze niet willen dat iemand probeert te eten wat van hen is. Sommige honden kunnen ook beschermend zijn over mensen en speelgoed.

Dezelfde regels zijn van toepassing, ongeacht hoeveel honden je hebt. Denk na over de persoonlijkheden van allemaal als individuen, en ook over hoe ze samen interacteren. Net als mensen gedragen honden zich vaak anders wanneer ze samen zijn. Houd hier rekening mee als je hun eerste kennismaking plant.

Zie hoofdstuk 8 voor het plannen van de introductie van je huidige honden en je nieuwe pup, en hoe je een nieuwe pup en je huidige huisdieren kunt combineren.

Prima Met Katten, Maar Niet Te Vertrouwen Met Andere Kleine Dieren

"Shiba's worden NIET aanbevolen voor huizen met huiskonijnen, gerbils, hamsters, vogels, enz. - ze hebben een zeer sterke prooidrift."

Susan Norris-Jones
SunJo Shiba Inu & Japanese Chin

Shiba Inu's zijn ongelooflijk intelligent, wat betekent dat ze kunnen leren wie lid is van de familie en wie niet. Aangezien katten duidelijk een plaats in het gezin hebben (de meeste Shiba Inu's zullen dit snel oppikken), zal je belangrijkste zorg zijn om ervoor te zorgen dat je Shiba Inu en katten met elkaar overweg kunnen. Ze willen allemaal onafhankelijk zijn, maar de Shiba Inu wil ook de baas zijn. Er kunnen in het begin wat ruzies zijn, maar de meeste Shiba Inu's zijn niet erg geïnteresseerd in het achtervolgen van katten.

Andere soorten huisdieren kunnen riskant zijn met een Shiba Inu. Dit is een hond die slim is en duizenden jaren training heeft in het jagen op kleine dieren. Het instinct is tegenwoordig niet zo scherp, dus huisdieren zoals vogels en vissen lopen geen echt risico. Sommige van de meer exotische soorten huisdieren, zoals knaagdieren en fretten, kunnen in de eerste dagen een bron van extreme interesse zijn voor je Shiba Inu. Het zou niet te lang moeten duren voordat je nieuwe hond leert om ze te negeren. Naar buiten gaan voor wandelingen kan echter een ander verhaal zijn. Eekhoorns en andere kleine dieren die vrij buiten rondlopen, zullen waarschijnlijk op zijn minst de aandacht van je Shiba Inu trekken, zo niet de wens om te achtervolgen.

HOOFDSTUK 5
Je Huis Voorbereiden

"Ze leven ervoor om door de voordeur naar buiten te schieten en kunnen heel hard rennen. Let goed op wanneer de voordeur opengaat."

Vicki DeBerry
DeBerry Shiba Inu

Shiba Inu-puppy's zijn zo ontzettend schattig omdat ze eruitzien als energieke kleine bolletjes vacht. Dit kan mensen in een valse gerustheid wiegen, omdat ze niet beseffen hoeveel kattenkwaad die schattige kleine puppy's kunnen uithalen, vooral als het nieuwe huis niet goed is voorbereid op de komst van de pup. Aangezien de honden als puppy vrij klein zijn, moeten eigenaren heel voorzichtig zijn en zorgen dat alles waar de puppy bij kan komen, zoals kasten, goed afgesloten is.

Foto met dank aan
Brooke Steinbach

Foto met dank aan
Jerry Simek

Als een buitengewoon intelligente hond zal je Shiba Inu nieuwsgierig zijn en proberen in kasten, lage prullenbakken en andere spullen in je huis te komen die hij gemakkelijk kan openmaken. Het voorbereiden van je huis op zowel een puppy die klein genoeg is om in krappe ruimtes te komen – vooral die waarvan je denkt dat ze gesloten zijn – is een unieke uitdaging waar Shiba Inu-baasjes mee te maken krijgen. Dit betekent dat je de tijd moet nemen om je huis voor te bereiden voordat de puppy arriveert.

De week voordat je puppy aankomt, moet je verschillende controles uitvoeren om er zeker van te zijn dat je huis veilig is voor het nieuwe gezinslid. Ervoor zorgen dat je nieuwe Shiba Inu een veilige ruimte heeft met alle benodigdheden (inclusief speelgoed) zal de komst van je nieuwste gezinsuitbreiding voor iedereen tot een geweldige tijd maken – vooral voor je nieuwe viervoeter.

Zelfs als je een volwassen Shiba Inu in huis haalt, moet je je voorbereiden op de komst van een ongelooflijk koppige peuter die op plekken kan komen waarvan je niet had gedacht dat het mogelijk was. Shiba Inu moeten leren dat jij de baas bent, wat betekent dat je hun respect moet verdienen voordat ze naar je zullen luisteren, en zelfs dan luisteren ze misschien niet altijd als ze er geen zin in hebben. Als je hond nog niet heeft geleerd om geen eten te pakken, niet op meubels te klimmen, of welke andere regels je ook in je huis hebt ingesteld, dan staat je heel wat te wachten bij het trainen van je nieuwe vriend. Je huis hondveilig maken helpt je om je hond veilig te houden terwijl hij leert naar je te luisteren.

Een Veilige Ruimte Creëren Voor Je Hond Of Puppy

Je puppy heeft een eigen plek nodig met een bench (meer informatie hierover in de volgende sectie), voer- en waterbakken, plasmatjes en speelgoed. Al deze dingen moeten in het gebied staan waar de puppy zal verblijven wanneer je hem geen volledige aandacht kunt geven. De puppy-ruimte moet veilig en afgezet zijn, zodat de puppy er niet uit kan en kleine kinderen en andere honden er niet in kunnen. Het moet een veilige plek zijn waar de puppy jou bezig kan zien met je dagelijkse bezigheden en zich op zijn gemak voelt.

Benches En Benchtraining

Het benchtrainen van een Shiba Inu-puppy kan gemakkelijker zijn dan bij de meeste andere rassen vanwege hun intelligentie en verlangen naar reinheid. Als ze jong zijn, zijn ze eerder geneigd naar je te luisteren, zolang je maar consequent en standvastig bent. Dit betekent dat

Foto met dank aan
Aldric Manrique

51

je ervoor moet zorgen dat de bench en het beddengoed van de puppy al klaarstaan voordat je puppy arriveert.

De bench van je Shiba Inu moet comfortabel zijn. Behandel de bench nooit alsof het een gevangenis is voor je puppy. Je Shiba Inu mag de bench nooit associëren met straf – het is bedoeld als een veilige haven na overstimulatie of wanneer het tijd is om te slapen. Zorg ervoor dat je hond de bench nooit associeert met straf of negatieve emoties. De bench moet verstelbaar zijn, zodat je hem wat groter kunt maken wanneer je puppy volwassen wordt. Je kunt je puppy in het begin ook een draag-bench geven om bezoekjes aan de dierenarts wat gemakkelijker te maken. Deze bench werkt niet meer als je Shiba Inu volwassen is (je kunt je Shiba als volwassen hond gewoon de praktijk van de dierenarts binnen-leiden), maar de draagbench heeft voldoende ruimte voor een puppy.

Zoals in een eerder hoofdstuk vermeld, kun je de bench gebruiken om te helpen bij de zindelijkheidstraining. Hoewel ze over het algemeen vrij ge-makkelijk zindelijk te maken zijn, wil je misschien toch een plasmatje in het gebied van de puppy leggen, zo ver mogelijk van de bench. Dit geeft je pup-py een plek om zijn behoefte te doen tijdens slecht weer. Vraag bij de fokker na of de puppy al is begonnen met zindelijkheidstraining. Als de puppy al vooruitgang boekt, wil je misschien geen plasmatje toevoegen.

Benodigdheden En Voorbereiding

Het plannen van de komst van je puppy betekent dat je vooraf veel spullen moet kopen. De lijst is langer dan de meeste mensen zich realise-ren, dus neem de tijd om goed na te denken over wat je nodig zult heb-ben op basis van je huis en omstandigheden. Als je al begint met aanko-pen rond de tijd dat je de fokker hebt gevonden, kun je je uitgaven over een langere periode spreiden. Hierdoor lijkt het veel minder duur dan het eigenlijk is. Hieronder staan de aanbevolen items die je moet hebben aangeschaft voordat je je nieuwe hond mee naar huis neemt:

- Bench
- Bed
- Lijn
- Hondenpoepzakjes voor wandelingen
- Halsband
- Tags
- Puppyvoer
- Water- en voerbakken (het del-en van een waterbak is meestal geen probleem, maar je puppy heeft zijn eigen voerbak nodig als je meerdere honden hebt)
- Tandenborstel/Tandpasta
- Borstel
- Speeltjes
- Trainingsbeloningen

Foto met dank aan
Caitlin Rubinstein

Overleg met je dierenarts voordat je medicijnen koopt, inclusief vlooienbehandelingen.

Het Huis Puppyproof Maken

"Behandel je nieuwe Shiba als een peuter. Zorg ervoor dat alle snoeren, kleine voorwerpen en voedsel buiten hun bereik blijven zodat ze er niet bij kunnen of op kunnen kauwen."

Jan Hill
Dark Knight Shibas

De voorbereidingen voor de komst van een puppy kosten tijd, en alle gevaarlijke ruimtes en voorwerpen in je huis zullen voor je puppy net zo gevaarlijk zijn als voor een baby. Het grootste verschil is dat je Shiba Inu veel sneller mobiel zal zijn dan een kind. Hij zal mogelijk bijna onmiddellijk in gevaarlijke situaties terechtkomen als je niet alle gevaren vóór zijn aankomst in je huis wegneemt. De intelligentie van je pup betekent dat je je huis puppyproof moet maken voor een peuter, want een Shiba Inu kan net als jonge kinderen uitvogelen hoe hij bij dingen kan komen.

Houd er rekening mee dat puppy's vrijwel alles proberen te eten, zelfs als het geen voedsel is. Niets is veilig – zelfs je meubels niet. Ze zullen knagen aan hout en metaal. Alles binnen hun bereik wordt beschouwd als vrij spel. Houd hier rekening mee terwijl je je huis puppyproof maakt.

Gevaren Binnenshuis En Oplossingen

Deze sectie beschrijft de gebieden in je huis waarop je je aandacht moet richten. In geval van problemen moet je het nummer van je dierenarts op de koelkast en in minstens één andere kamer in huis ophangen. Als je dit regelt voordat je pup arriveert, is het er als je het nodig hebt. Zelfs als je het telefoonnummer van de dierenarts in je telefoon programmeert, heeft een ander gezinslid of iemand die voor je Shiba Inu zorgt het misschien nog nodig.

Shiba Inu kunnen bij bijna alles op hun hoogte komen, en ze zullen veel verkennen als ze de kans krijgen. Zo intelligent als het ras is, kun je het beste overschatten wat je puppy kan doen en je daarop voorbereiden. Ga laag bij de grond zitten en bekijk elke kamer vanuit het perspectief van je Shiba Inu. Je zult vrijwel zeker minstens één ding vinden dat je over het hoofd hebt gezien.

Gevaar	Oplossingen	Tijdsinschatting
Keuken		
Giffen	Bewaar in afgesloten, kindveilige kasten of op hoge planken	30 min
Vuilnisbakken	Gebruik een afsluitbare vuilnisbak of zet deze op een veilige plek	10 min
Apparaten	Zorg dat alle snoeren buiten bereik zijn	15 min
Menselijk voedsel	Houd buiten bereik	Constant (maak er een gewoonte van)
Vloeren		
Gladde oppervlakken	Leg tapijten of speciale matten neer die op de vloer blijven liggen	30 min – 1 uur
Trainingsgebied	Train op antislip oppervlakken	Constant
Toiletten		
Toiletborstel	Zorg voor een met slot of houd buiten bereik	5 min/badkamer
Vergif	Bewaar in veilige, kindveilige kasten of op hoge planken	15 - 30 min/ badkamer
Toiletpot	Gesloten houden Gebruik geen automatische toilet reinigingsmiddelen	Constante aanmoediging (begin er een gewoonte van te maken)
Kasten	Houd afgesloten met kindveilige sloten	15 - 30 min/ badkamer
Waskamer		
Kleding	Berg schone en vuile kleding van de vloer op, buiten bereik	15 – 30 min
Gifstoffen (bleekmiddel, pods/wasmiddel, droogtrommeldoekjes en diverse gifstoffen)	Bewaar in afgesloten, kindveilige kasten of op hoge planken	15 min

In en om het huis

Planten	Houd van de vloer	45 min – 1 uur
Prullenbakken	Gebruik een afsluitbare prullenbak of zet deze op een veilige plek	30 min
Elektriciteitssno-eren, koorden van jaloezieën	Verberg ze of zorg dat ze buiten bereik zijn; let vooral op bij enter-tainment- en computerruimtes	1,5 uur
Gevaarlijke stoffen	Controleer of er geen schoonmaak-middelen of luchtverfrissers rond-slingeren; verplaats alle gevaarlijke stoffen naar een centrale, af-gesloten plek	1 uur
Ramen	Zorg dat koorden in alle kamers buiten bereik zijn	1 – 2 uur
Open haarden	Berg schoonmaakspullen en ge-reedschap op buiten bereik van de puppy; dek de opening van de haard af met iets stevigs	10 min/open haard
Trappen	Sluit af zodat je puppy er niet op of af kan; test eventuele puppyhekjes	10 – 15 min
Salontafels/ Bijzettafels/ Nachtkastjes	Verwijder gevaarlijke voorwerpen (zoals scharen, naaigerei, pennen en potloden) en waardevolle spullen	30 – 45 min

Als je een kat hebt, houd dan de kattenbak van de vloer. Het moet er-gens staan waar je kat gemakkelijk bij kan komen, maar je Shiba Inu niet. Aangezien dit betekent dat je je kat moet leren om de nieuwe plek te ge-bruiken, is het iets wat je ruim voor de komst van de puppy moet doen. Je wilt niet dat je kat te veel significante veranderingen tegelijk ondergaat. De puppy zal al genoeg verstoring veroorzaken – als je kat de verandering as-socieert met de puppy, kan het zijn dat de kat protesteert door te weige-ren de kattenbak te gebruiken.

Gevaren Buitenshuis En Oplossingen

Deze sectie beschrijft de zaken buiten je huis die je aandacht nodig hebben voordat je puppy arriveert. Hang ook het nummer van de die-renarts op in een van de beschutte ruimtes voor het geval van nood.

Gevaar	Oplossingen	Tijdsschatting
Garage		
Vergiften	Bewaar in afgesloten, kindveilige kasten of op hoge planken (bijv. auto-chemicaliën, schoonmaakmiddelen, verf, gazonverzorging) – dit geldt ook voor meststoffen	1 uur
Vuilnisbakken	Bewaar op een veilige plek	5 min
Gereedschap (bijv. tuin, auto, klus, elektrisch gereedschap)	Zorg dat alle snoeren buiten bereik zijn: Houd buiten bereik en nooit over de rand van oppervlakken	30 min – 1 uur
Uitrusting (bijv. sport, vissen)	Houd buiten bereik en nooit over de rand van oppervlakken	Constant (maak er een gewoonte van)
Scherpe voorwerpen	Houd buiten bereik en nooit over de rand van oppervlakken	30 min
Fietsen	Berg op van de grond of op een plek waar de Shiba Inu er niet bij kan (om te voorkomen dat de pup in de banden bijt)	20 min
Omheining		
Breuken	Repareer eventuele breuken in het hek. Shiba Inu zijn ontsnappingskunstenaars, dus zorg ervoor dat ze niet gemakkelijk je tuin uit kunnen komen.	30 min - 1 uur
Gaten	Vul alle gaten, zelfs als ze opzettelijk zijn, zodat je Shiba Inu niet ontsnapt.	30 min - 1 uur
Gaten/Kuilen aan de Basis	Vul alle plekken op waar de hond gemakkelijk onderdoor kan kruipen.	1 - 2 uur
Tuin		
Giffen	Laat geen giffen in de tuin liggen	1 – 2 uur
Planten	Controleer of alle lage planten niet giftig zijn voor honden; omhein alles wat dat wel is.	45 min – 1 uur
Gereedschap (bijv. tuingereedschap)	Zorg dat ze buiten bereik zijn; en niet boven buitentafels hangen	30 min – 1 uur

Laat je Shiba Inu nooit alleen in de garage, zelfs niet als hij volwassen is. Het is waarschijnlijk dat je puppy in de garage zal zijn wanneer je autoritten maakt, daarom is het belangrijk om deze puppyproof te maken. Je moet altijd een oog op de hond houden, maar je kunt natuurlijk niet onder de auto kruipen en zult moeite hebben om in kleinere ruimtes te komen als je Shiba Inu er vandoor gaat om te gaan verkennen.

Shiba Inu zijn ontsnappingskunstenaars en ze zullen veel nieuwe en inventieve manieren bedenken om te ontsnappen. Maak het ze niet gemakkelijk; zorg voor alle breuken, gaten en schade aan de omheining zodat je hond geen enkele opening groot genoeg kan maken om uit je tuin te ontsnappen.

Net als bij de binnenkant moet je je voorbereidingen buiten afronden door laag bij de grond te gaan zitten en alle gebieden vanuit het perspectief van een puppy te bekijken. Ook hier zul je vrijwel zeker minstens één ding vinden dat je over het hoofd hebt gezien.

HOOFDSTUK 6
Plannen voor de gezondheid van je Shiba Inu

Sinds het ras van de rand van uitsterven werd gered, is er veel meer voorzichtigheid betracht om ervoor te zorgen dat de Shiba Inu niet veel genetische aandoeningen heeft. Echter, de manier waarop je je pup of volwassen hond opvoedt, beïnvloedt zijn gezondheid ook aanzienlijk. Minimaal een half uur wandelen per dag wordt aanbevolen, maar dit is een ras dat meer dan een uur kan bewegen als je een buitensportliefhebber bent. Als je liever thuis blijft en rustig aan doet, is een wandeling van 30 minuten één keer per dag voldoende. Hoofdstukken 16 en 17 geven details over genetische problemen en algemene gezondheidszorgen voor Shiba Inu's van alle leeftijden.

Je dierenarts kiezen

Begin al met zoeken naar een dierenarts voor je Shiba Inu voordat je een fokker kiest. Je zou je dierenarts al moeten hebben gekozen voordat je je hond mee naar huis neemt. Of je nu een pup of een volwassen hond krijgt, je moet je viervoeter binnen 48 uur (24 uur wordt sterk aanbevolen) na zijn aankomst naar de dierenarts brengen om er zeker van te zijn dat je hond gezond is. Als er in jouw buurt een dierenarts is die gespecialiseerd is in of ervaring heeft met meerdere Shiba Inu's, dan is dat het beste voor je hond. Gezien de persoonlijkheid van de Shiba Inu wil je een dierenarts die weet hoe om te gaan met een eigenzinnige viervoeter. Het maken van een afspraak met een dierenarts kan enige tijd duren, vooral met een die gespecialiseerd is in een bepaald ras, net zoals bij het maken van een afspraak bij de huisarts. Je moet je dierenarts en de eerste afspraak ruim voor de komst van je hond hebben geregeld.

Hier zijn enkele zaken om te overwegen bij het zoeken naar een dierenarts:

- Wat is het kennisniveau over Shiba Inu's? De dierenarts hoeft geen specialist te zijn, maar als je iemand kunt vinden met enige ervaring met dit hondenras, kan de dierenarts je helpen te weten wat je kunt verwachten in de verschillende levensfasen van je hond. Bij koppige, onafhankelijke rassen zoals de Shiba Inu, die niet altijd willen doen wat hun wordt gezegd, kan de afspraak langer duren. Als je een dierenarts kunt vinden die weet hoe je je Shiba Inu kunt overhalen om te luisteren, zal het een veel betere ervaring zijn voor iedereen.

- Hoe ver van je huis is de dierenarts? Je wilt niet dat de dierenarts meer dan 30 minuten rijden is in geval van nood.
- Is de dierenarts beschikbaar voor noodgevallen buiten kantooruren of kunnen ze een dierenarts aanbevelen in geval van nood?
- Maakt de dierenarts deel uit van een lokale dierenkliniek indien nodig, of verwijst de arts patiënten naar een lokale dierenkliniek?
- Is de dierenarts de enige dierenarts of een van meerdere partners? Als hij of zij deel uitmaakt van een partnerschap, kun je dan bij slechts één dierenarts blijven voor kantoorbezoeken?
- Hoe worden afspraken gemaakt?
- Kun je daar ook andere diensten laten uitvoeren, zoals trimmen en pension?
- Is de dierenarts geaccrediteerd?
- Wat zijn de prijzen voor het eerste bezoek en de normale kosten, zoals voor inentingen en regelmatige bezoeken?
- Welke tests en controles worden uitgevoerd tijdens het eerste bezoek?

Maak tijd vrij om de dierenarts te bezoeken die je overweegt, zodat je kunt rondkijken hoe de omgeving binnen de praktijk is. Kijk of je met de dierenarts kunt spreken om te zien of hij of zij bereid is je gerust te stellen en je vragen te beantwoorden. De tijd van een dierenarts is waardevol, maar hij of zij zou een paar minuten moeten hebben om je het vertrouwen te geven dat hij/zij de juiste keuze is om te helpen zorgen voor je viervoeter.

Gevaarlijke voedingsmiddelen

Honden kunnen rauw vlees eten zonder zich zorgen te hoeven maken over de soort problemen die een mens zou tegenkomen. Er zijn echter enkele menselijke voedingsmiddelen die dodelijk kunnen zijn voor je Shiba Inu. Je moet deze voedingsmiddelen bij alle honden weghouden:

- Appelpitten
- Chocolade
- Koffie
- Gekookte botten (ze kunnen een hond doden wanneer de botten versplinteren in de mond of maag van de hond)

Foto met dank aan
Sandy Li

- Maïskolf (de kolf is dodelijk voor honden; maïs zonder kolf is prima)
- Druiven/rozijnen
- Macadamianoten
- Uien en bieslook
- Perziken, kaki's en pruimen
- Tabak (je Shiba Inu zal niet weten dat het geen voedsel is en kan het eten als het wordt achtergelaten)
- Xylitol (een suikervervanger in snoepjes en bakkerijproducten)
- Gist

Naast deze potentieel dodelijke voedingsmiddelen is er een lange lijst van dingen die je hond niet zou moeten eten. Het Canine Journal heeft een uitgebreide lijst van voedingsmiddelen (http://www.canine-journal.com/foods-not-to-feed-dog/) die vermeden moeten worden.

Een gezonde hond, met allergieën

Hoofdstuk 16 gaat dieper in op allergieën bij Shiba Inu's, maar dit is zeker een probleem waar je je Shiba Inu op moet controleren terwijl hij opgroeit. Aangezien dit een ras is met een lijst van bekende allergieën, wil je er zeker van zijn dat je je bewust bent van wanneer je hond allergie-en vertoont. Van voedsel met tarwe of kip tot grassen en wasmiddelen, Shiba Inu's kunnen voor bijna net zoveel dingen allergisch zijn als mensen. In tegenstelling tot mensen, hebben honden de neiging om te jeuken wanneer ze allergieën hebben. In plaats van jeukende ogen en loopneuzen, hebben honden de neiging om over hun hele lichaam te jeuken. Hoewel dit meer lijkt op symptomen van uitslag, is de huid van honden meestal de manier waarop ze de meeste soorten allergieën vertonen, inclusief inhalatie-allergieën. Dit kan het moeilijker maken om te bepalen wat er mis is, aangezien jeuk een symptoom is van veel mogelijke problemen. Als je merkt dat je puppy of nieuwe Shiba Inu vaak krabt, breng hem dan naar de dierenarts om te zien wat er mis is, en houd in gedachten dat allergieën een mogelijk probleem zijn. Gelukkig zijn ze gemakkelijk te behandelen, zoals wordt besproken in een later hoofdstuk.

HOOFDSTUK 7
Je Shiba Inu Mee naar Huis Nemen

Die eerste keer dat je met je Shiba Inu door de deur loopt, is een gevoel dat je jaren later nog zult herinneren. Elke hond past zich anders aan, maar het is altijd interessant om te zien hoe juist dit ras reageert op een nieuwe omgeving. De natuurlijke intelligentie van de Shiba Inu zorgt ervoor dat je pup waarschijnlijk nieuwsgierig zal zijn, hoewel als je een volwassen hond hebt geadopteerd, elke verkenning waarschijnlijk voorzichtig zal verlopen. Lees zeker hoofdstuk 8 over hoe je je volwassen hond kunt introduceren in een huis met meerdere huisdieren. Hoewel Shiba Inu's meestal niet agressief zijn, kunnen de eerste interacties gespannen zijn omdat je nieuwe hond de baas wil spelen.

Laatste Voorbereidingen en Planning

De meeste intelligente rassen hebben de eerste week constant gezelschap nodig, en zo mogelijk ook de eerste maand. Hiervoor moet je misschien vrij nemen van je werk of onderhandelen over thuiswerken gedurende ten minste de eerste 24 uur, zo niet de eerste 48 uur. Hoe meer tijd je kunt besteden aan het helpen van je nieuwe vriend om te

*Foto met dank aan
Alayne Levine*

Foto met dank aan Brooke Steinbach

wennen aan de nieuwe omgeving in die eerste dagen, hoe beter voor je nieuwe gezinslid en hoe sneller hij zich op zijn gemak zal voelen in zijn nieuwe omgeving.

Hieronder volgen enkele nuttige checklists om je door de voorbereiding voor je pup en de periode na zijn aankomst in je huis te helpen.

Zorg dat Je Voer en Andere Benodigdheden in Huis Hebt

Controleer snel of je alles hebt wat je nodig hebt. Als je een lijst hebt gemaakt op basis van de basisbenodigdheden uit hoofdstuk 5, haal deze dan tevoorschijn de dag voordat je Shiba Inu arriveert en controleer of je alles hebt. Neem even de tijd om na te denken of je nog iets mist. Dit bespaart je hopelijk een haastige rit naar de winkel nadat je nieuwe gezinslid is gearriveerd.

Maak een Voorlopig Schema voor je Pup

Bereid een voorlopig schema voor om je op weg te helpen in de eerste week. Je dagen gaan erg druk worden, dus je hebt een startpunt nodig voordat je puppy arriveert. Gebruik de informatie uit 'Een Schema Opstellen' om te beginnen, maar zorg ervoor dat je dit eerder doet dan later. De volgende drie belangrijke gebieden moeten vastgelegd worden in het schema van je puppy:

- Voeren
- Training (inclusief zindelijkheidstraining)
- Spelen

Wanneer je een puppy in huis haalt, verwacht je misschien de hoge energie die je zult zien wanneer je Shiba Inu volwassen is. Puppy's van elk ras (ongeacht hoe actief ze later zullen zijn) hebben echter veel slaap nodig. Verwacht dat je puppy tussen de 18 en 20 uur per dag slaapt. Een voorspelbaar slaapschema zal je puppy helpen om gezonder op te groeien.

In het begin zal je Shiba Inu niet zo energiek zijn, dus je hoeft je geen zorgen te maken over het vermoeien van je pup aan het einde van de dag. Zijn uithoudingsvermogen zal echter vrij snel toenemen, dus tegen het einde van het eerste jaar zal je pup veel actiever zijn. Een van de beste dingen van dit ras is dat ze energieniveaus hebben die passen bij hun situatie, dus je zult niet zo hard hoeven werken om je Shiba Inu moe te maken als bij een Beagle of Jack Russell Terriër. Je moet er nog steeds voor zorgen dat hij voldoende beweging krijgt op basis van zijn calorie-inname, maar verder zal je Shiba Inu waarschijnlijk een energieniveau aannemen dat past bij jouw levensstijl.

In de eerste dagen zal het schema van je puppy grotendeels draaien om slapen en eten, met wandelen en socialisatie. De wakkere uren zullen bestaan uit training en spel.

Doe Een Laatste Inspectie van de Puppyproofing Voordat de Puppy Arriveert

Hoe druk je ook bent, of hoe zorgvuldig je de puppyproofing-checklists uit het vorige hoofdstuk ook hebt gevolgd, je moet toch de tijd nemen om je huis nog één keer te inspecteren voordat de puppy arriveert. Reserveer een uur of twee om dit een dag of twee voor de komst van de puppy te doen.

Eerste Bijeenkomst

Houd een bijeenkomst met alle gezinsleden om ervoor te zorgen dat alle regels die in hoofdstuk 4 zijn besproken, worden herinnerd en begrepen voordat de puppy een afleiding vormt. Dit omvat ook hoe je met de puppy moet omgaan. Bepaal wie de primaire verzorger van de puppy zal zijn, inclusief wie de hoofdtrainer zal zijn. Om jongere kinderen te helpen leren over verantwoordelijkheid, kan een ouder samen met een kind de verzorging van de puppy op zich nemen. Het kind zal verantwoordelijk zijn voor zaken als het vullen van de waterbak en het voeren van de puppy, terwijl een ouder toezicht houdt op deze taken.

Je Puppy of Hond Ophalen en de Rit naar Huis

Het ophalen van je puppy vereist behoorlijk wat planning en voorbereiding, vooral als je naar het huis van de fokker gaat om de puppy op te halen. Plan indien mogelijk om je puppy op te halen in het weekend of aan het begin van een vakantie, zodat je rustig tijd thuis met hem kunt doorbrengen. Deze sectie behandelt de voorbereiding en de eigenlijke reis, maar niet wat je moet doen als je andere honden hebt die je moet introduceren (hoofdstuk 8). Als je geen andere honden hebt, kun je je puppy ophalen en rechtstreeks naar huis gaan. Stop nergens nadat je de puppy hebt opgehaald. Als je een lange reis hebt (meer dan een paar uur), bouw dan elke paar uur pauzes in om je puppy de kans te geven om zich uit te strekken, te bewegen, te drinken en naar de wc te gaan. Laat de puppy nooit alleen in de auto, voor welke tijd dan ook. Als je zelf naar het toilet moet, moet ten minste één volwassene bij de puppy blijven tijdens elke stop.

Hoe verleidelijk het ook is om met je puppy te knuffelen en de rit naar huis comfortabel te maken, het gebruik van een bench voor de rit naar huis is zowel veiliger als comfortabeler voor de puppy.

Voordat je je huis verlaat, zorg ervoor dat je alles wat je nodig hebt klaar hebt liggen.

- De bench moet voor de veiligheid in de auto verankerd zijn en voorzien zijn van een kussen. Als je een lange reis hebt, neem dan voer en water mee en plan om te stoppen om deze aan de puppy te geven tijdens de reis. Zet ze niet in de bench, want ze zijn niet verankerd en klotsend water kan je puppy bang maken. Je kunt de bodem bedekken met een handdoek of plasmatje voor het geval er ongelukjes gebeuren.
- Bel de fokker om er zeker van te zijn dat alles nog volgens schema verloopt en dat de puppy klaar is.
- Vraag, als je dat nog niet hebt gedaan, of je de geur van de moeder op een dekentje kunt achterlaten om de overgang voor de puppy comfortabeler te maken.
- Zorg ervoor dat je andere volwassene het onthoudt en op tijd is om naar de ophaalbestemming te gaan.

- Als je andere honden hebt, zorg er dan voor dat alle betrokken volwassenen weten wat ze moeten doen, hoe laat en waar ze naartoe moeten gaan voor die eerste neutrale ontmoeting.

Twee volwassenen moeten aanwezig zijn bij de eerste reis. Vraag de fokker of de puppy al eerder in een auto is geweest, en zo niet, dan is het vooral belangrijk om iemand te hebben die de puppy aandacht kan geven terwijl de andere persoon rijdt. De puppy zal in de bench zitten, maar iemand kan nog steeds troost bieden. Het zal zeker spannend zijn voor de puppy, omdat hij zijn moeder, broertjes, zusjes en vertrouwde mensen moet missen. Iemand die rustig tegen hem praat, kan het voor het kleintje een stuk minder overweldigend maken. Dit is het moment om je puppy te leren dat autoritten plezierig zijn. Dit betekent ervoor zorgen dat de bench veilig is. Je wilt de puppy niet doodsbang maken door de bench te laten schuiven terwijl hij er hulpeloos in zit.

Wanneer je thuiskomt, neem de puppy of hond dan onmiddellijk mee naar buiten om zijn behoefte te doen. Zelfs als de puppy of hond een ongelukje heeft gehad onderweg, is dit het moment om je nieuwe gezinslid te leren waar hij naar de wc moet gaan.

Het Eerste Bezoek aan de Dierenarts en Wat Je Kunt Verwachten

Een bezoek aan de dierenarts is noodzakelijk binnen de eerste dag of twee na de aankomst van je puppy en kan vereist zijn in het contract dat je met de fokker hebt getekend. Je moet een basislijn voor de gezondheid van de puppy vaststellen, zodat de dierenarts de voortgang van je puppy kan volgen en kan controleren of alles goed gaat terwijl je Shiba Inu groeit. De eerste beoordeling geeft je meer informatie over je puppy, en geeft je ook de kans om de dierenarts vragen te stellen en advies te krijgen. Het creëert ook een belangrijke band tussen je Shiba Inu en de dierenarts.

Dat eerste bezoek aan de dierenarts zal interessant zijn en heel anders dan de volgende bezoeken. Je pup weet niet wat hij kan verwachten, aangezien hij nog niet eerder bij die specifieke dierenarts is geweest. Probeer zo goed mogelijk zijn angst te verminderen. Je wilt dat dit eerste bezoek een positieve toon zet voor alle toekomstige bezoeken.

Er zijn verschillende dingen die je moet doen vóór de dag van de afspraak:

- Informeer hoe vroeg je aanwezig moet zijn om het papierwerk voor de nieuwe patiënt in te vullen.

- Informeer of je voor dat eerste bezoek ook een ontlastingsmonster moet meenemen. Zo ja, verzamel het dan de ochtend van het bezoek en zorg ervoor dat je het meeneemt.

- Neem de papieren mee die door de fokker of het asiel zijn verstrekt, zodat de dierenarts deze aan het dossier van je pup of hond kan toevoegen.

Bij aankomst wil je puppy misschien kennismaken met de andere pups en mensen in de praktijk, wat kan worden aangemoedigd zolang je enkele basisregels in gedachten houdt. Dit is immers een kans om te werken aan de socialisatie van de puppy en om een eerste positieve ervaring te creëren die hij met de dierenarts kan associëren, hoewel je voorzichtig moet zijn. Vraag altijd aan de persoon of het goed is dat je puppy kennismaakt met een ander huisdier, en wacht op goedkeuring voordat je je puppy laat kennismaken met andere dieren. Huisdieren bij de dierenarts voelen zich waarschijnlijk niet zo goed, wat betekent dat ze misschien niet erg vriendelijk zijn. Je wilt niet dat een chagrijnige oudere hond of een ziek dier naar je puppy hapt of hem bang maakt. Negatieve sociale ervaringen zal je puppy onthouden, en dat zal het bezoek aan de dierenarts iets maken om te vrezen of te vermijden. Je wilt ook niet dat je puppy wordt blootgesteld aan mogelijke ziektes terwijl hij nog zijn inentingen krijgt.

Tijdens het eerste bezoek zal de dierenarts een eerste beoordeling van je Shiba Inu uitvoeren. Een van de belangrijkste dingen die de dierenarts zal doen, is het gewicht van je puppy opnemen. Dit is iets wat je gedurende het hele leven van je Shiba Inu moet controleren, omdat het ras vatbaar is voor obesitas. Noteer het gewicht voor jezelf, zodat je kunt zien hoe snel de puppy groeit. Vraag je dierenarts wat een gezond gewicht is in elke fase, en noteer dat ook. Shiba Inu's groeien ongelooflijk snel tijdens het eerste jaar, maar je moet er nog steeds voor zorgen dat je hond niet meer gewicht aankomt dan gezond is. Tijdens de jaren 2010 was er een trend van dikke Shiba Inu's vanwege hoe 'schattig' ze eruitzagen terwijl ze waggelden. Dit is niet alleen slecht voor de gezondheid van je Shiba Inu, het zal ook zijn levensduur verkorten. Om ervoor te zorgen dat je Shiba Inu gezond blijft, moet je weten wat het gewicht van je hond is bij aankomst, en dan moet je het in de loop van het leven van je hond controleren om ervoor te zorgen dat je hond gezond blijft.

De dierenarts zal de datum voor de volgende reeks inentingen vaststellen, die waarschijnlijk niet lang na de aankomst van je puppy zullen plaatsvinden. Wanneer het tijd is voor zijn vaccinaties, wees dan voorbereid op een dag of twee waarin je puppy zich niet lekker voelt.

Bench- en Andere Voorbereidende Training

"Laat ze niet voor lange periodes in een bench totdat ze getraind zijn om erin te blijven. Dit voorkomt dat ze in de bench plassen, wat een slechte gewoonte zou zijn om mee te beginnen."

Jan Hill
Dark Knight Shibas

Zoals vermeld, begint de training vanaf het moment dat je Shiba Inu jouw verantwoordelijkheid wordt. Gezien het feit dat je hond koppig kan zijn, wil je je pup vanaf het begin laten wennen aan het idee dat jij de baas bent. Dit zal helpen tegen de koppige aard van de Shiba Inu. Verwacht niet dat het dit gedrag zal elimineren, maar je kunt je nieuwe pup in ieder geval laten weten wat de hiërarchie is.

Puppy's jonger dan zes maanden moeten niet urenlang in de bench zitten. Ze zullen hun blaas niet zo lang kunnen ophouden, dus je moet

Foto met dank aan
Caitlin Rubinstein

ervoor zorgen dat ze een manier hebben om eruit te komen en naar de wc te gaan op een acceptabele plek. Als je een volwassen hond krijgt die niet zindelijk is, moet je dezelfde regels volgen.

Zorg ervoor dat de deur zo is ingesteld dat deze niet dichtslaat op je hond tijdens zijn eerste verkenning van de bench. Je wilt niet dat je Shiba Inu geraakt wordt door de deur terwijl deze sluit en hem bang maakt.

1. Laat je Shiba Inu aan de bench snuffelen. Praat tegen hem terwijl hij dit doet, met een positieve, vrolijke stem. Associeer de eerste ervaring in de bench met opwinding en positieve emoties, zodat je hond begrijpt dat het een goede plek is. Als je een dekentje van de moeder van de puppy hebt, leg dit dan in de bench om extra comfort te bieden.

2. Laat een paar brokjes in de bench vallen als je hond aarzelt om erin te gaan. Dwing je hond NIET in de bench. Als je hond niet helemaal in deze vreemde kleine ruimte wil gaan, is dat prima. Het moet zijn beslissing zijn om naar binnen te gaan, zodat het geen negatieve ervaring is.

3. Voer je hond een week of twee in de bench. Dit zal helpen om enkele zeer positieve emoties met de bench te creëren, en het helpt je ook om het voer weg te houden van andere huisdieren als je die hebt.

   a. Als je hond comfortabel lijkt met de bench, zet het voer dan helemaal achterin de bench.

   b. Zo niet, plaats de voerbak dan voorin, en verplaats hem in de loop van de tijd verder naar achteren in de bench.

4. Begin met het sluiten van de deur zodra je hond comfortabel lijkt te eten in de bench. Wanneer het voer op is, open de bench dan onmiddellijk.

5. Laat de deur langer gesloten nadat je hond heeft gegeten. Als je pup begint te jammeren, heb je je Shiba Inu te lang in de bench gelaten.

6. Zet je hond voor langere periodes in de bench zodra je hond geen tekenen van ongemak in de bench vertoont tijdens het eten. Je kunt hem beginnen te trainen om in de bench te gaan door simpelweg "bench" of "mand" te zeggen, en prijs je hond dan om hem te laten weten dat hij het geweldig heeft gedaan.

Herhaal dit enkele weken totdat je hond zich comfortabel voelt in de bench. Door dit meerdere keren per dag te doen, kan je hond leren dat alles in orde is en dat de bench geen straf is. In het begin doe je dit terwijl je nog thuis bent of wanneer je de post gaat halen. Zodra je puppy een half uur kan doorbrengen zonder te jammeren terwijl jij uit de kamer bent, kun je beginnen met je pup alleen te laten terwijl je weg bent, waarbij je de tijd in het begin beperkt tot niet meer dan een uur.

Zodra je hond begrijpt dat hij je huis niet moet vernielen, is de bench-training voltooid.

De focus tijdens deze eerste weken is om te beginnen met zindelijk-heidstraining en ongewenst gedrag te minimaliseren. Training vanaf het begin is essentieel, maar neem je nieuwe puppy nog niet mee naar lessen. Dit komt omdat de meeste puppy's nog niet alle nodige inentingen hebben gehad, en goede trainers zullen hen niet toelaten in lessen tot-dat de volledige eerste ronde inentingen is voltooid. Hoofdstukken 10 en 12 geven een nadere blik op de verschillende soorten training die je zou moeten beginnen en hoe je door moet gaan na de eerste paar weken.

Eerste Nacht Angsten

Die eerste nacht zal eng zijn voor je kleine Shiba Inu-puppy. Hoe be-grijpelijk dit ook mag zijn, er is maar zoveel troost die je je nieuwe gezinslid kunt geven. Net als bij een baby, hoe meer je reageert op huilen en jam-meren, hoe meer je een puppy leert dat negatief gedrag de gewenste re-sultaten oplevert. Je zult een evenwicht moeten vinden tussen het gerust-stellen van je puppy en het vermijden dat hij leert dat huilen een manier is om aandacht te krijgen. Creëer een slaapruimte speciaal voor je puppy in de buurt van waar jij slaapt. Het gebied moet het bed van de puppy hebben, veilig weggestopt in een bench. Het biedt hem een veilige plek om zich te verstoppen, zodat hij zich comfortabeler kan voelen in een vreemd nieuw huis. Het hele gebied moet afgesloten zijn zodat niemand erin kan komen (en de puppy er niet uit kan) gedurende de nacht. Het moet ook dicht bij de plek zijn waar mensen slapen, zodat de puppy zich niet verlaten voelt. Als je een dekentje of kussen hebt kunnen krijgen dat naar de moeder ruikt, zorg er dan voor dat dit in de ruimte van je puppy ligt. Overweeg om wat witte ruis toe te voegen om onbekende geluiden te maskeren die je nieuwe huisdier bang zouden kunnen maken.

Je puppy zal in de loop van de nacht geluiden maken. Verplaats de puppy niet, zelfs niet als het gejammer je wakker houdt. Als je toegeeft, zal het jammeren, huilen en janken in de loop van de tijd luider worden. 's Nachts jammert je puppy niet omdat hij te lang in de bench heeft geze-ten; hij is bang of wil dat iemand bij hem is - hij is waarschijnlijk nog nooit alleen geweest 's nachts voordat hij bij jou thuis kwam. Bespaar jezelf later wat moeite door de puppy te leren dat jammeren niet altijd werkt om hem uit de bench te krijgen. Je moet hem echter ook niet verplaat-sen. Weggehaald worden bij mensen zal de puppy alleen maar banger maken, wat de angst die hij voelt versterkt. Na verloop van tijd is het simpelweg 's nachts dicht bij jou zijn vaak al genoeg om je puppy gerust te stellen dat alles goed is.

Laat je puppy niet in je bed totdat hij volledig zindelijk is. Zodra een Shiba Inu leert dat het bed toegankelijk is, kun je hem niet meer trainen om er niet op te springen. En als hij niet zindelijk is, heb je in de zeer nabije toekomst een nieuw bed nodig.

Foto met dank aan
Ann Nghiem

Puppy's moeten elke twee tot drie uur naar de wc, en je zult 's nachts moeten opstaan om ervoor te zorgen dat je puppy begrijpt dat hij altijd naar de wc moet gaan, hetzij buiten of op het plasmatje. Als je het 's nachts laat gaan, zul je later moeite hebben om hem te leren dat hij niet in huis mag plassen.

HOOFDSTUK 8
Het Meerdere-Huisdieren Huishouden

"Introduceer je nieuwe pup aan andere huisdieren door hem in een bench te houden en breng hem naar de ruimte waar andere huisdieren zijn, bijvoorbeeld de keuken of woonkamer. Wees geduldig, laat ze niet allemaal tegelijk los totdat er genoeg tijd is verstreken voor iedereen om te snuffelen en tot rust te komen. Als je de pup aan katten voorstelt, zorg dan voor een veilige plek waar ze naartoe kunnen vluchten. Bij introductie aan oudere honden, laat de puppy niet onbeleefd zijn. Een goede oudere rolmodel zal een puppy vertellen dat hij rustig moet doen; straf de oudere hond niet als hij de puppy in bedwang houdt of waarschuwt."

Susan Norris-Jones
SunJo Shiba Inu & Japanese Chin

Shiba Inu's kunnen over het algemeen niet goed overweg met andere alfahonden – ze willen zelf graag de baas zijn. Als je hond of honden echter speels zijn en geen dominante neigingen hebben, verloopt de introductie van een nieuwe Shiba Inu in je huis meestal vrij gemakkelijk. Ze spelen graag wild, wat de introductie bij oudere honden lastig kan maken, dus daar moet je voorzichtig mee zijn.

Goede socialisatie is belangrijk voor Shiba Inu's. Een hond die al in je huis woont, kan je puppy helpen om eerder te socialiseren en hem leren hoe de dingen in jouw huis werken. Je nieuwe Shiba Inu zal misschien niet naar jou willen luisteren, maar je pup zal op zijn minst de regels leren. Als je huidige hond of honden ongewenst gedrag vertonen, kun je het beste proberen dit op te lossen voordat je puppy arriveert – je wilt niet dat je Shiba Inu slechte gewoonten aanleert. De kans is groot dat hij zelf al genoeg kattenkwaad zal uithalen, dus hij hoeft geen ideeën op te doen van andere huisdieren.

Je Nieuwe Puppy Voorstellen Aan Je Andere Huisdieren

Introduceer alle nieuwe honden altijd aan je huidige hond of honden, ongeacht de leeftijd, op een neutrale plek buiten je huis. Ook al heb je nooit problemen gehad met je huidige hond, je staat op het punt zijn wereld te veranderen. Kies een park of andere openbare ruimte waar je hond zich niet territoriaal zal voelen en plan daar de kennismaking tussen je hond en de puppy. Dit geeft de dieren de kans om elkaar te ontmoeten en te leren kennen voordat ze samen je huis binnengaan.

Zorg bij de introductie van je hond en puppy dat je ten minste één andere volwassene bij je hebt, zodat er voor elk dier iemand is om hem te begeleiden. Als je meer dan één hond hebt, moet je één volwassene per hond hebben. Dit maakt het makkelijker om alle honden onder controle te houden. Zelfs de beste honden kunnen overenthousiast worden bij het ontmoeten van een puppy. Een van de mensen die erbij moet zijn, is degene die verantwoordelijk is voor de huisdieren in je huis (of meerdere mensen als je meer dan één verantwoordelijke hebt). Dit helpt bij het vaststellen van de hiërarchie in de roedel.

Houd je puppy niet vast wanneer de honden elkaar ontmoeten. Hoewel je de puppy misschien wilt beschermen en hem comfortabel wilt laten voelen door hem vast te houden, heeft dit het tegenovergestelde effect. Je

Foto met dank aan Trisha Cutright

Foto met dank aan Sheryl Royalty

puppy zal zich waarschijnlijk gevangen voelen, zonder uitweg. Op de grond staan betekent dat de puppy kan wegrennen als hij dat nodig vindt. Ga dicht bij de puppy staan met je voeten een beetje uit elkaar. Op die manier kan de puppy, als hij besluit dat hij moet ontsnappen, snel achter je benen schuilen.

Let op opstaande haren op de rug van je hond. De puppy en elke hond moeten een paar minuten hebben om aan elkaar te snuffelen, waarbij je ervoor zorgt dat er altijd wat speling in de lijn zit. Dit helpt hen zich meer ontspannen te voelen, omdat ze niet het gevoel hebben dat je ze probeert tegen te houden. Je hond zal waarschijnlijk ofwel willen spelen ofwel de puppy simpelweg negeren.

- Als ze willen spelen, let dan goed op dat de hond de puppy niet per ongeluk pijn doet.
- Als de hond de puppy na een eerste snuffelbeurt negeert, is dat ook prima.

Als de haren op de rug van je hond overeind staan of als hij duidelijk ongelukkig is, houd ze dan uit elkaar totdat je hond zich meer op zijn gemak lijkt te voelen met de situatie. Forceer de ontmoeting niet.

De introductie kan een tijdje duren, afhankelijk van de individuele hondenkarakters. Hoe vriendelijker en accepterender je hond is, hoe gemakkelijker het zal zijn om je nieuwe puppy in huis op te nemen. Voor sommige honden is een week genoeg tijd om zich samen comfortabel te gaan voelen. Voor andere honden kan het een paar maanden duren voordat ze een nieuwe puppy volledig accepteren. Aangezien dit een compleet nieuwe dynamiek in je huishouden is, is je huidige hond misschien niet blij dat je een klein energiebommetje in zijn dagelijks leven brengt. Dit is genoeg om iedereen ongelukkig te maken, maar vooral een hond die gewend is geraakt aan een bepaalde levensstijl. Hoe ouder je hond is, hoe waarschijnlijker het is dat een puppy een ongewenste toevoeging zal zijn. Oudere honden kunnen chagrijnig worden rond een puppy die de regels niet begrijpt of niet lijkt te weten wanneer het genoeg is. Het doel is om je puppy welkom en veilig te laten voelen, terwijl je je oudere hond laat weten dat je liefde voor hem nog steeds even sterk is.

Zodra je nieuwe gezinslid en de rest van de roedel kennis beginnen te maken en zich op hun gemak beginnen te voelen bij elkaar, kun je naar huis gaan. Als ze het huis binnenkomen, zullen ze al wat meer vertrouwd zijn met elkaar, waardoor je huidige honden zich comfortabeler voelen met de nieuwe aanwinst voor het gezin.

Eenmaal thuis, neem je de honden mee naar de tuin en verwijder je de lijnen. Je hebt één volwassene per hond nodig, inclusief de puppy. Als alles goed lijkt te gaan of als je hond onverschillig reageert op de puppy, kun je je hond naar binnen laten gaan, de puppy aanlijnen en hem aangelijnd mee naar binnen nemen. Zet de puppy in het puppygebied wanneer de introducties klaar zijn.

Foto met dank aan Brooke Steinbach

Een Volwassen Hond Introduceren Bij Andere Dieren

Je moet de introductie en de eerste paar weken altijd met voorzichtigheid benaderen. De nieuwe volwassen Shiba Inu zal in het begin zijn eigen spullen nodig hebben en moet in een apart gebied worden gehouden wanneer je er niet bent, totdat je weet dat er geen gevechten zullen plaatsvinden. Als je honden niet veel interesse hebben om de baas te zijn en graag wild spelen, zal het minder tijd kosten voordat je nieuwe Shiba Inu in de roedel past.

Plan voor de introductie minstens een uur in. Het zal waarschijnlijk niet zo lang duren, maar je moet ervoor zorgen dat alle honden zich op hun gemak voelen tijdens de introductie. Aangezien de honden allemaal volwassen zijn, moeten ze in hun eigen tempo kunnen bewegen.

Volg dezelfde stappen om je huidige honden kennis te laten maken met je nieuwe hond als je zou doen met een puppy.

- Begin op neutraal terrein.
- Zorg dat er één volwassen persoon per hond aanwezig is bij de introductie (dit is nog belangrijker bij het introduceren van een volwassen hond).
- Introduceer één hond tegelijk – laat niet meerdere honden tegelijk kennismaken met je nieuwe Shiba Inu. Meerdere honden die allemaal tegelijk naderen in een onbekende omgeving met mensen die de Shiba Inu niet goed kent – je kunt je waarschijnlijk voorstellen hoe zenuwslopend dit kan zijn voor elke nieuwe hond.

Anders dan bij een puppy, zorg je ervoor dat je traktaties meeneemt naar de ontmoeting van twee volwassen honden. De dieren zullen goed reageren op de traktaties, en je hebt een manier om alle honden snel af te leiden als ze te gespannen zijn met elkaar.

Let tijdens de introductie op de Shiba Inu en je honden om te zien of een van hen zijn haren opzet. Dit is een van de eerste echt duidelijke tekenen dat een hond zich ongemakkelijk voelt. Als de haren van de Shiba Inu overeind staan, neem dan even afstand van de introducties. Doe dit door eerst je huidige hond terug te roepen. Dit is ook het moment waarop je met traktaties moet gaan zwaaien. Vermijd aan de lijnen te trekken om de honden te scheiden. Je wilt geen fysieke spanning aan de situatie toevoegen, omdat dat een gevecht zou kunnen uitlokken. Traktaties werken in het begin voor alle aanwezige honden, en je andere honden zouden moeten kunnen reageren op het roepen van hun namen.

Foto met dank aan Whitney Kono

Als een van de honden zijn tanden laat zien of gromt, roep dan je hond terug en geef de honden eerst de kans om tot rust te komen. Gebruik de traktaties en een kalmerende stem om ze te laten ontspannen. Je wilt dat alle honden zich op hun gemak voelen tijdens de eerste ontmoeting, dus je kunt de vriendschap niet forceren. Als ze in het begin ongemakkelijk of wantrouwig lijken, moet je ze in hun eigen tempo laten bewegen.

Oudere Honden En Je Shiba Inu

Als je huidige hond ouder is, houd er dan rekening mee dat puppy's energiek zijn en waarschijnlijk de oudere hond steeds zullen proberen te betrekken bij het spel. Dit kan zeer vermoeiend zijn voor je oudere hond. Zorg ervoor dat je oudere hond niet te moe wordt van de fratsen van de puppy, want je wilt niet dat je puppy leert om naar andere honden te snauwen. Let op tekenen dat je oudere hond toe is aan wat tijd alleen, wat tijd alleen met jou, of gewoon een pauze van de puppy.

Zelfs als je Shiba Inu er klaar voor is om het puppygebied voorgoed te verlaten, is het belangrijk dat je oudere hond nog steeds veilige plekjes heeft om zich terug te trekken—voor het geval hij even geen zin heeft om in de buurt te zijn van zo'n energiek jong ding. Dit vermindert de kans dat je puppy herhaaldelijk wordt berispt en daardoor leert om wantrouwig te zijn tegenover oudere honden.

Zelfs als je een volwassen Shiba Inu adopteert, hebben ze de neiging om graag wild te spelen met andere honden. Dit kan een probleem zijn bij oudere honden, dus zorg ervoor dat de gouden jaren van je hond niet worden verstoord door een nieuwe hond die regels heeft die voor je oudere hond geen zin hebben en wil spelen op een manier die je oudere hond niet kan.

Hondenaggressie En Territoriaal Gedrag

"Gebrek aan beweging is de nummer 1 reden voor problemen zoals blaffen, kauwen, krabben, agressie."

Susan Norris-Jones
SunJo Shiba Inu & Japanese Chin

Buiten het huis zijn Shiba Inu's eigenlijk geen probleem. Sommige mensen hebben het ras als agressief bestempeld omdat ze zullen snauwen naar honden die te enthousiast zijn of te dichtbij komen. Dit is een ras dat graag de leiding heeft en behoorlijk onafhankelijk is. Net zoals jij niet goed zou reageren als iemand je persoonlijke ruimte binnendringt en te vriendelijk is, kan een Shiba Inu snauwen wanneer een andere hond zijn ruimte binnendringt. Dit is geen echte daad van agressie, meer een waarschuwing dat de hond zich gedraagt op een manier die de Shi-

Foto met dank aan Rachel Deihl

ba Inu niet leuk vindt. Zodra de hond afstand neemt, zal je Shiba Inu waarschijnlijk volledig zijn interesse verliezen. Dit is heel anders dan een hond die agressief is, want een agressieve hond zal blijven proberen bij de andere hond te komen. Een Shiba Inu wil gewoon zijn eigen persoonlijke ruimte hebben. Zodra dat is bereikt, zal hij waarschijnlijk weer normaal gaan doen. Het is jouw taak om ervoor te zorgen dat andere mensen weten dat ze hun overenthousiaste honden niet te dichtbij je hond moeten laten komen.

Gebruik geen slipkettingen of andere negatieve versterkingsmiddelen bij je Shiba Inu. Deze doen niet alleen pijn aan je hond, ze werken ook niet goed. Een Shiba Inu reageert niet goed op negatieve bekrachtiging omdat hij voor zichzelf denkt. Wat je je Shiba Inu leert met dit soort dwangmiddelen is dat jij niet weet wat je doet en dingen gebruikt om te proberen je hond te dwingen zich op een bepaalde manier te gedragen. Wat wel werkt zijn beloningen en het weghalen uit een negatieve situatie. Beloon je hond voor het goede gedrag, en hoe vaker je hond doet wat je wilt dat hij doet, hoe vaker je hem beloont. Hoofdstuk 12 gaat in op hoe je je Shiba Inu kunt trainen.

Thuis moet je voorzichtiger zijn. Omdat dit een hond is die graag de leiding heeft, moet je letten op agressief gedrag. Ondanks zijn formaat is een Shiba Inu niet het soort hond dat terugdeinst, dus als hij het gevoel heeft dat iemand hem uitdaagt of een van zijn speeltjes afpakt, kan hij agressief reageren. Als hij jong is, is het gemakkelijker om te beginnen met trainen tegen dit soort gedrag, maar een oudere hond zal extra toezicht nodig hebben en mag niet alleen worden gelaten met andere huisdieren of kinderen. Een oudere Shiba Inu moet leren hoe hij deel kan uitmaken van de roedel en hoe hij op de juiste manier moet reageren op mensen die met speelgoed en andere voorwerpen spelen. Daarom is het essentieel om altijd streng en consequent te zijn.

Er zijn twee belangrijke soorten agressie waar je bij je hond op moet letten.

- Dominantieagressie is wanneer je hond controle wil tonen over een ander dier of persoon. Dit soort agressie wordt getoond door de volgende gedragingen als reactie op iemand die in de buurt komt van de bezittingen van de Shiba Inu (zoals speelgoed of een voerbak):

  - Grommen

  - Bijten

  - Snauwen

- Dit is het gedrag dat de roedelleider vertoont om anderen in de roedel te waarschuwen om van zijn spullen af te blijven. Als je Shiba

Inu zo reageert op jou, een familielid of een ander huisdier dat dicht bij zijn spullen komt, moet je onmiddellijk ingrijpen, hem corrigeren door "Nee" te zeggen, en hem vervolgens overladen met lof wanneer hij stopt. Je moet consequent ingrijpen wanneer je Shiba Inu zich op deze manier gedraagt.

- Laat de Shiba Inu niet alleen met andere mensen, honden of dieren zolang dit soort gedrag wordt vertoond. Hij zal grenzen verleggen, en als jij er niet bent om in te grijpen, zal hij waarschijnlijk proberen zijn dominantie te tonen in jouw afwezigheid. Je wilt je Shiba Inu trainen om niet agressief te reageren. Zodra je er zeker van bent dat het gedrag is geëlimineerd, kun je je hond en Shiba Inu voor korte periodes alleen laten, waarbij je in een andere kamer blijft of ergens in de nabijheid, maar buiten zicht. Na verloop van tijd kun je beginnen met het alleen laten van je huisdieren wanneer je de post gaat halen, en vervolgens wanneer je boodschappen doet. Uiteindelijk zul je je Shiba Inu alleen kunnen laten met andere honden zonder je zorgen te maken dat hij of een van je andere honden zich gedwongen zal voelen om dominantie te tonen.

- Goed gesocialiseerde reuen zijn meer geïnteresseerd in het ontmoeten en begroeten van andere honden. Niet-gesocialiseerde reuen kunnen agressief en dominant zijn. Teven zijn over het algemeen voorspelbaarder; ze zijn afstandelijker, zelfs als ze goed gesocialiseerd zijn, maar ze zijn minder geneigd om agressief of dominant te zijn wanneer ze niet gesocialiseerd zijn.

Je Shiba Inu zal moeten leren dat het huis niet alleen van hem is. Het behoort toe aan mensen en de andere honden, en hij maakt deel uit van het huis, hij is niet de baas in jouw huis.

Sterke Natuurlijke Prooidrift

Gedurende een groot deel van de geschiedenis van het ras hebben Shiba Inu's op andere dieren gejaagd. Na eeuwen van het achtervolgen van prooi hebben ze van nature een hoge prooidrift. Je zult je Shiba Inu-puppy ruim voordat de puppy vrij in huis mag rondlopen, moeten laten wennen aan de kat. Wees altijd aanwezig wanneer ze met elkaar omgaan, zodat je het gedrag van de puppy kunt corrigeren. Als je een volwassen Shiba Inu in huis haalt, houd dan toezicht op de interactie. Aangezien katten ongeveer even groot zijn als sommige Shiba Inu's, is er geen groot risico dat de Shiba Inu de kat zal proberen achterna te zitten, maar hij kan reageren zoals hij op een andere hond zou reageren.

Als je andere kleine dieren hebt, moeten deze worden gehouden in gebieden waar je Shiba Inu niet kan komen. Konijnen, fretten en andere huisdieren zijn meestal niet trainbaar. De meeste kleine dieren zijn niet in staat om te leren niet weg te rennen, wat je puppy waarschijnlijk zal opvatten als een uitnodiging om te spelen. Aangezien kleinere dieren meestal in kooien zitten, zullen ze minder interessant zijn voor je Shiba Inu. Het is meer wanneer je buiten bent dat je voorzichtiger moet zijn met de natuurlijke drang van je Shiba Inu om achterna te zitten. Dit betekent dat je je Shiba Inu echt niet zonder lijn los moet laten lopen zonder omheining. Zelfs als je wel een omheining hebt, moet je je hond goed in de gaten houden. Als een klein dier de aandacht van je Shiba Inu trekt, zal zijn aandacht gericht zijn op het vangen van het dier, en hekken zijn niet zo'n grote belemmering als je misschien denkt. Dit is een ras dat problemen kan oplossen, dus ontsnappen uit een omheind gebied is niet zo'n grote uitdaging.

Praktijken Tijdens Het Voeren

Je Shiba Inu-puppy zal in de puppyruimte worden gevoerd, dus de maaltijd zal in het begin geen probleem zijn. Wanneer je de puppy samen met de andere honden begint te voeren, kun je de volgende instructies gebruiken om de kans op territoriaal gedrag met voedsel te verminderen.

1. Voer je Shiba Inu op hetzelfde moment als de andere honden, maar in een andere kamer dan je andere honden. Door ze gescheiden te houden, kan je Shiba Inu eten zonder afleiding of het gevoel dat je andere honden zullen eten wat in zijn bak zit. Zorg ervoor dat je je Shiba Inu elke keer in dezelfde kamer voert, terwijl de andere honden in hun vaste kamer of kamers eten.

2. Houd je Shiba Inu en andere honden in hun eigen ruimtes totdat ze klaar zijn met het eten van hun voer. Sommige honden hebben de neiging om voedsel in de bak te laten liggen. Laat ze dat niet doen. Ze moeten alles in de bak opeten, omdat alle voerbakken worden weggehaald zodra de honden klaar zijn met eten, om de noodzaak om die bakken te beschermen weg te nemen.

3. Zorg ervoor dat er iemand in de buurt van je Shiba Inu is, zodat hij leert niet te grommen naar mensen in de buurt van de bak. Dit zal helpen om stress te verminderen wanneer andere honden in de buurt van het voedsel zijn. Als je hond agressie vertoont, corrigeer hem dan onmiddellijk door "Nee" te zeggen, en geef hem lof wanneer hij stopt. Probeer niet met de voerbak te spelen, en zorg ervoor

dat geen van de kinderen ermee speelt. Je hond moet weten dat niemand zal proberen zijn eten te stelen.

4. Breng de honden over een periode van een paar weken dichter bij elkaar. Je kunt bijvoorbeeld je huidige hond aan de ene kant van de deur bij de deuropening voeren en de Shiba Inu aan de andere kant bij de deuropening.

5. Na een maand of twee kun je ze in dezelfde kamer voeren, maar met wat afstand tussen hen. Als de Shiba Inu beschermend gedrag begint te vertonen tegenover de andere honden, corrigeer hem dan en prijs hem wanneer hij het gedrag stopt.

Uiteindelijk kun je beginnen met het dicht bij elkaar voeren van de honden. Het kan weken tot maanden duren, afhankelijk van de leeftijd van de Shiba Inu wanneer hij bij je thuis komt. Een puppy zal minder tijd nodig hebben omdat hij vanaf jonge leeftijd gesocialiseerd zal worden met de honden, waardoor hij minder wantrouwig zal zijn. Dat betekent niet dat hij geen territoriaal gedrag zal vertonen, maar het zal waarschijnlijk niet lang duren voordat hij zich op zijn gemak voelt om in de buurt van de rest van de roedel te eten.

Voor volwassenen kan het langer duren, en je moet het niet overhaasten. Laat je hond leren zich comfortabel te voelen met eten voordat je veranderingen aanbrengt, zelfs kleine. Honden van elk ras kunnen beschermend zijn over hun voedsel, afhankelijk van wat ze hebben meegemaakt; dit wordt verergerd bij beschermende rassen zoals de Shiba Inu. Je Shiba Inu moet er zeker van zijn dat dit beschermende gedrag niet nodig is rond andere honden voordat hij zonder incident zal eten. Dat betekent dat je zijn vertrouwen en comfort in zijn eigen tempo moet laten opbouwen.

Een Beetje Extra Schoonmaken

Shiba Inu's behoren tot de schoonste hondenrassen en verzorgen zichzelf ongeveer net zo vaak als een kat. Sommige Shiba Inu's gaan nog een stapje verder en beginnen andere honden, en soms katten, schoon te maken. Het is waarschijnlijk geen probleem, vooral als je andere honden de aandacht waarderen. Uiteindelijk kan het een mooie manier zijn om een band te vormen. Het kan ook helpen om sommige van je andere honden wat schoner te houden. Natuurlijk vervangt dit niet het baden en borstelen, maar het is leuk om een hond te zien die geïnteresseerd is in het helpen om de dingen een beetje schoner te houden.

HOOFDSTUK 9
De Eerste Paar Weken

"Voel je niet beledigd als ze niet geknuffeld willen worden. De meeste Shiba's houden er niet van om vastgehouden te worden."

Vicki DeBerry
DeBerry Shiba Inu

Je Shiba Inu pup zal waarschijnlijk het grootste deel van zijn eerste week in zijn nieuwe huis doorbrengen met afwisselend opgewonden en nerveus zijn (hoewel hij het merendeel van zijn tijd slapend zal doorbrengen). Nadat je pup heeft geleerd dat jouw huis zijn thuis is, zal hij meer persoonlijkheid en interesse in zijn nieuwe wereld beginnen te tonen. Hoewel zijn intelligentie het waarschijnlijk gemakkelijk maakt om je pup zindelijk te krijgen, betekent dit ook dat je eerder een verveelde pup zult hebben die in de problemen komt. Een van de belangrijkste dingen die je in deze periode zult doen, is ervoor zorgen dat je pup zich veilig en comfortabel voelt. Hij heeft veel aandacht en zorg nodig om hem te laten weten dat hij op de juiste plek is.

De band die je in die eerste week begint op te bouwen, zal zich gedurende de eerste maand verder ontwikkelen. Aan het einde van de maand zou je pup de nacht door moeten slapen en heeft hij waarschijnlijk een redelijk goed begrip van waar hij zijn behoefte moet doen. Je zult ook een goed beeld hebben van de persoonlijkheid van je viervoeter, wat het een stuk gemakkelijker maakt om te weten hoe je de pup kunt troosten tijdens zijn zeldzame momenten van onzekerheid.

De eerste maand is het moment waarop je echt aandacht moet beginnen te besteden aan de opkomende persoonlijkheid van je pup. Bij een Shiba Inu zal dit waarschijnlijk het moment zijn waarop je zijn onafhankelijke aard begint op te merken. Als dit gebeurt, moet je samen met je pup leren. Het mag geen machtsstrijd worden, en je moet zeker geen negatieve bekrachtiging gaan gebruiken om je dominantie te laten gelden. Als je Shiba Inu onafhankelijker begint te handelen, moet je leren hoe je kunt reageren zonder er een groot probleem van te maken. Dit is het moment om geleidelijk te beginnen met het stoppen of verminderen van ongewenst gedrag, voor zover dat mogelijk is.

Het belangrijkste in deze periode is om consequent te blijven. Gebruik wat je leert over de persoonlijkheid van je pup om goed gedrag aan te moedigen.

Regels Opstellen En Je Eraan Houden

Je pup moet de regels begrijpen en weten dat jij en je gezin het serieus menen. Een stevige, consequente aanpak is het beste voor zowel jou als je hond. Als je niet consequent blijft, zet je jezelf en je Shiba Inu op voor veel strijd die iedereen ongelukkig zal maken. Zodra je viervoeter leert naar je te luisteren, zal het aanleren van trucjes aan je Shiba Inu nog steeds afhangen van de stemming van je hond, maar hij zal enthousiaster zijn als hij vroeg leert dat jij de baas bent.

Stel Een Beleid In Van Niet Springen En Niet Bijten

"Bijten - dit is normaal speelgedrag voor een Shiba-pup, maar het moet worden ontmoedigd bij mensen, en vooral bij kinderen. Zachtjes in de mond nemen is acceptabel, maar tanden mogen niet gevoeld worden."

Susan Norris-Jones
SunJo Shiba Inu & Japanese Chin

Je zult je nieuwste gezinslid moeten leren om bepaalde puppydingen niet te doen, zoals bijten en springen. Ook al staan ze niet bekend als agressief en zal een Shiba Inu je waarschijnlijk niet omver kunnen duwen, toch wil je niet dat hij slechte gewoonten aanleert.

Bijten
- Een van de oorzaken van bijten is overstimulatie, wat een van de tekenen kan zijn dat je pup te moe is om te blijven spelen of trainen en dat je hem naar bed moet brengen.
- Een andere oorzaak kan zijn dat je viervoeter te veel energie heeft. Als dit het geval is, neem je pup dan mee naar buiten om wat van zijn overtollige energie kwijt te raken. Wees tegelijkertijd voorzichtig dat je de pup niet overbelast met beweging.

85

Je moet alert zijn en je pup onmiddellijk laten weten dat bijten niet acceptabel is. Sommige mensen raden aan om een waterspuitflesje te gebruiken en de pup te besproeien terwijl je "Nee" zegt na het bijten. Dit is een van de weinige momenten waarop straf effectief kan zijn, maar je moet oppassen dat je het niet met iets anders associeert dan het bijten.

Zeg altijd vastberaden "Nee" tegen je pup wanneer hij bijt, zelfs als het tijdens het spelen is. Je moet ook terugtrekken en luid "Au!" zeggen om je pup te laten weten dat zijn tanden je pijn doen. Dit zal helpen om het idee te vestigen dat bijten slecht is en nooit wordt beloond.

Kauwen

Alle puppy's kauwen om de pijn van het tandjes krijgen te verlichten. Kauwen kan een duur probleem zijn voor je hond, maar het komt vrij vaak voor bij dit ras. Of hij nu op je meubels, bestek of kleding kauwt, je wilt dit gedrag zo snel mogelijk ontmoedigen.

- Zorg ervoor dat je speeltjes hebt voor je Shiba Inu (zowel voor volwassen honden als puppy's) zodat je hem kunt leren op welke dingen hij mag kauwen. Het hebben van veel beschikbare speeltjes, en het afwisselen van die speeltjes, zal je pup of hond een verscheidenheid aan opties geven.

- Als je pup tandjes krijgt, leg dan een paar speeltjes in de koelkast zodat ze koud zijn, of geef je pup bevroren wortels. De kou zal helpen om de pijn te verdoven.

- Speeltjes die gemaakt zijn van hard rubber of hard nylon zullen de beste speeltjes zijn, vooral Kongs gevuld met brokjes. Je kunt ze zelfs vullen met water en invriezen, wat je pup iets koels geeft om de pijn te verzachten.

Voor het grootste deel zal het in de gaten houden van je hond wanneer hij niet in zijn aangewezen ruimte is, je helpen om snel te zien wanneer hij op dingen kauwt die niet mogen. Wanneer dit gebeurt, zeg dan vastberaden "Nee". Als je hond blijft kauwen, zet hem dan terug in zijn ruimte. Zorg ervoor dat hij in die ruimte voldoende speeltjes heeft om op te kauwen.

Als je besluit om kauwafweermiddelen te gebruiken, wees je er dan van bewust dat sommige honden er niet om geven dat een voorwerp vies smaakt - ze zullen toch kauwen. Breng deze afweermiddelen niet aan en laat je hond dan alleen in de verwachting dat hij gewoon stopt met kauwen. Je moet de reactie van je hond zien voordat je erop vertrouwt dat de slechte gewoonte is doorbroken.

Foto met dank aan
Janice Hill
Darknight Shibas

Springen

Honden springen meestal op mensen wanneer ze hen voor het eerst begroeten. Gebruik de volgende stappen wanneer je een bezoeker hebt (en als je iemand kunt vinden die bereid is om te helpen, zal dat de training des te gemakkelijker maken).

1. Doe een lijn aan de hond wanneer de persoon op de deur klopt of aanbelt. De komst van iemand anders zal onvermijdelijk de meeste honden opwinden, vooral puppy's.

2. Laat de persoon binnen, maar benader de persoon niet met de pup totdat hij tot rust komt.

3. Wees uitbundig met je lof wanneer de pup alle vier zijn poten op de grond houdt. Benader de bezoeker pas nadat je Shiba Inu kalm is.

4. Wanneer de pup opspringt, draai je je lichaam weg en negeer je hem. Corrigeer hem niet verbaal. Volledig genegeerd worden zal een veel grotere afschrikking zijn dan welke woorden je ook kunt zeggen.

5. Geef je hond iets om in zijn bek te houden als hij niet tot rust komt. Soms hebben honden gewoon een taak nodig om hun opwinding te verminderen. Een knuffel of bal zijn ideaal voor afleiding, zelfs als je hond het laat vallen.

6. Ga laag zitten en aai je hond. Als iemand op zijn niveau zit, zal hij het gevoel hebben dat hij erbij hoort. Het stelt hem ook in staat om aan je gezicht te snuffelen, wat deel uitmaakt van een goede begroeting. Als je bezoeker bereid is om te helpen, kan deze duidelijke erkenning een afschrikmiddel zijn voor het springen, aangezien de persoon al op het niveau van je hond zit.

Beloning‑Gebaseerde Training Versus Discipline‑Gebaseerde Training

In andere hoofdstukken worden de verschillende aspecten van training beschreven, maar het is belangrijk om in gedachten te houden hoeveel efficiënter het is om te trainen met beloningen dan met straffen, vooral voor een intelligent ras als de Shiba Inu. Dit zal een bijzondere uitdaging zijn, aangezien puppy's uitbundig kunnen zijn en gemakkelijk afgeleid raken. Het is belangrijk om te onthouden dat je pup jong is, dus je moet je humeur bewaren en leren wanneer je een pauze moet nemen van de training.

Verschillende kritieke aspecten waar je tijdens de eerste maand aan moet beginnen te werken:

- Zindelijkheidstraining (Hoofdstuk 10)
- Benchtraining (Hoofdstuk 7)
- Blaffen (Hoofdstuk 12)
- Bescherming (je zult hier niet mee beginnen tijdens de eerste maand, maar je zult het moeten gaan peilen als je wilt dat je hond een ideale beschermer wordt) (Hoofdstuk 12)

Zoek uit hoeveel de fokker heeft gedaan op het gebied van zindelijkheidstraining en andere dergelijke gebieden. De beste fokkers leren puppy's misschien zelfs een of twee commando's voordat ze met jou naar huis gaan. Als dit het geval is, blijf dan dezelfde commando's gebruiken bij je pup, zodat de vroege training niet verloren gaat. Dit kan je helpen om de juiste toon te vinden, aangezien de pup al weet wat de woorden betekenen en hoe hij erop moet reageren. Zodra hij dat begrijpt, zal hij sneller oppikken dat die toon van stem de manier is waarop je praat wanneer je aan het trainen bent. Het is een andere geweldige manier om je kleine lieverd te laten weten wanneer je het serieus meent versus wanneer je wilt spelen. Dit soort onderscheid wordt gemakkelijk opgepikt door Shiba Inu en je hond zal maar al te graag meewerken.

Verlatingsangst Bij Honden En Puppy's

Sommige Shiba Inu lijden aan verlatingsangst, en velen van hen houden niet van veranderingen in het schema. Zelfs degenen die zich niet zo overstuur voelen over alleen gelaten worden, kunnen je huis uit verveling vernielen. Als ras met een werkverleden kan de Shiba Inu zich snel vervelen. Geef hem iets te doen terwijl je weg bent, zodat de scheiding minder heftig aanvoelt en hij zich niet gaat misdragen uit verveling. Toch is het een probleem dat je waarschijnlijk zult tegenkomen, dus je moet vooruit plannen om je pup te helpen begrijpen dat jouw afwezigheid niet betekent dat je niet terugkomt.

Houd in het begin de tijd dat de pup alleen is tot een minimum beperkt. De geluiden van mensen die door het huis bewegen, zullen je Shiba Inu helpen begrijpen dat de scheiding niet permanent is. Na de eerste week of zo kan alleen zijn betekenen dat je de post gaat halen, waarbij je de pup een paar minuten alleen binnen laat. Je kunt dan de tijd dat je weg bent van de pup over een paar dagen verlengen totdat de pup ongeveer 30 minuten per keer alleen is.

Hier zijn enkele basisrichtlijnen voor wanneer je je pup voor het eerst alleen begint te laten.

- Laat de pup ongeveer 30 minuten voordat je weggaat naar buiten.

- Maak de pup moe met beweging of speeltijd zodat je vertrek niet zo'n grote zaak is.

- Plaats de pup ruim voordat je weggaat in het puppygebied om te voorkomen dat hij de ruimte associeert met iets slechts dat gaat gebeuren.

- Geef je pup geen extra aandacht vlak voordat je weggaat, omdat dat het idee versterkt dat je aandacht geeft voordat er iets slechts gebeurt.

- Vermijd het berispen van je Shiba Inu voor gedrag dat plaatsvindt terwijl je weg bent. Berispen leert hem om meer gestrest te zijn omdat het zal lijken alsof je boos thuiskomt.

Als je Shiba Inu tekenen van verlatingsangst vertoont, zijn er verschillende dingen die je kunt doen om hem comfortabel te maken tijdens je afwezigheid.

- Kauwspeeltjes kunnen je hond iets acceptabels geven om op te knagen terwijl je weg bent.

- Een deken of shirt dat naar jou of andere gezinsleden ruikt, kan ook troost bieden. Als je het item hebt gedragen en het niet erg vuil is geworden, is dit ideaal. Zorg er wel voor dat je niet in contact bent geweest met chemicaliën gedurende de dag dat je het droeg. Je moet er ook voor zorgen dat je hond het item niet zal opeten tijdens je afwezigheid. Overweeg om hem iets te geven waarvan je weet dat je het niet opnieuw zult dragen, voor het geval hij het aan stukken scheurt.

- Laat de ruimte goed verlicht, zelfs als het overdag is. Mocht er iets gebeuren en kom je later thuis dan je van plan was, dan wil je niet dat je kleine vriend in het donker zit.

- Zet een stereo aan (klassieke muziek is het beste) of televisie (ouderwetse shows zonder harde geluiden, zoals Mr. Ed of I Love Lucy) zodat het huis niet volledig stil is en onbekende geluiden minder opvallen.

Het zal je Shiba Inu niet lang duren om het soort gedrag op te merken dat aangeeft dat je weggaat. Het pakken van je sleutels, tas, portemonnee en andere aanwijzingen zullen snel triggers worden die je Shiba Inu angstig kunnen maken omdat hij snel zal leren wat deze acties betekenen. Maak er geen groot probleem van. Als je je normaal gedraagt, zal dit je kleintje na verloop van tijd helpen begrijpen dat je vertrek prima is en dat alles in orde zal zijn.

Foto met dank aan
Ann Nghiem

Hoe Lang Is Te Lang Om Alleen Thuis Gelaten Te Worden?

Hoewel ze zeer onafhankelijke honden zijn, doen Shiba Inu het niet goed wanneer ze voor lange perioden alleen thuis worden gelaten. Ongeveer acht uur is alles wat ze aankunnen voordat ze angstig, verveeld of geïrriteerd raken. In de begindagen kan het nodig zijn dat je je pup zo lang in een bench laat, maar na verloop van tijd moet je streven naar het toestaan van je hond om buiten de bench te zijn, zodat het niet aanvoelt als een straf. Je metgezel zal het niet goed doen als hij urenlang in een bench opgesloten zit. Je moet enkele goede mentale spelletjes of dingen vinden die je pup kan doen terwijl je weg bent om te voorkomen dat je Shiba Inu destructief wordt. Dit is ook waarom het essentieel is om ervoor te zorgen dat je huis goed is voorbereid voordat je hond arriveert, vooral als je een volwassen Shiba Inu krijgt. Zodra je hond benchtraining heeft gehad en je hem voor langere perioden alleen begint te laten, wil je ervoor zorgen dat eventuele destructieve neigingen zoveel mogelijk in bedwang worden gehouden.

Overdrijf Het Niet, Fysiek Of Mentaal

Een vermoeide pup lijkt veel op een vermoeide peuter; je moet voorkomen dat het kleintje uitgeput raakt of die kleine pootjes overbelast. Je moet voorzichtig zijn om de groeiende botten van je pup niet te beschadigen. Je pup zal waarschijnlijk denken dat slaap onnodig is, hoe moe hij ook is. Het is aan jou om de tekenen te herkennen die je vertellen wanneer je alle activiteiten moet stoppen en je pup naar bed moet brengen of een pauze moet nemen.

Training moet worden uitgevoerd in tijdsblokken die je pup of hond aankan. Pas op dat je de training niet voorbij de concentratiegrens van de pup duwt of dat je je volwassen hond niet ontmoedigt met commando's die te geavanceerd voor hem zijn. Als je doorgaat met trainen voorbij de energieniveaus van je pup, zullen de geleerde lessen niet de lessen zijn die je je hond wilt leren. Op deze leeftijd hoeven trainingssessies niet lang te zijn, ze moeten alleen consequent zijn.

Wandelingen zullen veel korter zijn tijdens die eerste maand. Wanneer je naar buiten gaat, blijf dan binnen een paar blokken van huis. Maak je geen zorgen - tegen het einde van de maand zal je pup veel meer uithoudingsvermogen hebben, zodat je kunt genieten van langere wandelingen en korte uitstapjes weg van huis indien nodig. Tegen het einde van het eerste jaar zou je een kort stukje moeten kunnen joggen, afhankelijk van het advies van je dierenarts. Je kunt ook wat rennen aan de lijn in de tuin als je pup veel extra energie heeft. Dit zal je Shiba Inu helpen leren hoe hij zich aan de lijn moet gedragen tijdens het rennen. Puppy's hebben de neiging om de lijn aan te vallen omdat het een afleiding is van vrij rondrennen.

Alleen omdat je pup in het begin geen lange wandelingen kan maken, betekent niet dat hij niet veel energie zal hebben. Dagelijkse beweging zal essentieel zijn, met de kanttekening dat je ervoor moet zorgen dat je pup niet te snel te veel doet. Actief blijven zal hem niet alleen helpen gezond te zijn, maar hem ook mentaal gestimuleerd houden. Je zult snel beseffen hoe weinig je bewogen hebt als je nog nooit eerder een hond hebt gehad, omdat je bijna de hele tijd in beweging zult zijn wanneer de pup wakker is.

Foto met dank aan Sandy Li

HOOFDSTUK 10
Zindelijkheidstraining

"Shiba's zijn gemakkelijk zindelijk te maken, zolang eigenaren consequent en volhardend zijn! Zet ze in een bench wanneer je niet specifiek op ze let en neem ze mee naar buiten zodra ze wakker worden uit een dutje en na de maaltijden."

CJ Strehle
JADE Shiba Inu

Een pup zindelijk maken is niet moeilijker of tijdrovender dan een peuter zindelijk maken, en met een Shiba Inu is het eigenlijk zelfs wat eenvoudiger. Het is belangrijk om een schema op te stellen en daar niet van af te wijken. Je nieuwe gezinslid zal een schone omgeving willen en zal snel leren je te laten weten wanneer hij naar buiten moet.

Het gebruik van een lijn kan zeer nuttig zijn om ervoor te zorgen dat je pup leert wanneer en waar hij zijn behoefte moet doen, maar er zullen nog steeds uitdagingen zijn terwijl je werkt aan het vaststellen van de hiërarchie en je pup probeert te overtuigen naar je te luisteren.

Zorg ervoor dat je deze twee regels consequent toepast.

1. **Laat de pup nooit alleen door het huis zwerven** – hij moet altijd in de toegewezen pupruimte zijn wanneer je niet op hem let. Honden houden niet van een vuil bed, dus je pup zal veel minder snel ongelukjes hebben in zijn bench of in de buurt van zijn beddengoed in de toegewezen ruimte. Je Shiba Inu zal niet blij zijn met het idee in een vieze bench te zitten, dus dat weerhoudt hem ervan zijn behoefte te doen wanneer je niet in de buurt bent. Hij zal misschien niet dezelfde aanpak hebben voor andere delen van het huis als hij vrij kan rondlopen.

2. **Geef je pup voortdurend en gemakkelijk toegang tot de plekken waar je hem zindelijk wilt maken.** Je zult vaak naar buiten moeten gaan terwijl je pup leert waar hij zijn behoefte moet doen, vooral als constante toegang tot een plek om naar het toilet te gaan niet mogelijk is. Wanneer je naar buiten gaat, doe je pup dan een lijn om zodat je duidelijk kunt aangeven waar in de tuin je wilt dat hij zijn behoefte doet.

Begin altijd met een trainingsplan en wees dan nog strenger met jezelf dan met je pup om dat schema aan te houden. Jij bent de sleutel tot het leren van de pup waar het acceptabel is om zijn behoefte te doen.

Binnen Of Buiten – Zindelijkheidsopties En Overwegingen

Als je fokker al begonnen is met zindelijkheidstraining van de pup, houd dan vast aan de methode die werd gebruikt.

Je hebt de volgende zindelijkheidsopties voor je pup:

- **Plasmatjes** – Je zou er verschillende in huis moeten hebben voor de training, inclusief in het gebied van de pup, maar zo ver mogelijk van het bed.
- **Regelmatige uitstapjes naar buiten** – Organiseer deze op basis van het slaap- en eetschema van je pup.
- **Beloningen** – Je kunt in het begin traktaties gebruiken, maar schakel snel over naar complimenten.

In het begin is de beste manier om je hond zindelijk te maken door vaak naar buiten te gaan, ook 's nachts, zodat je pup leert al zijn behoeftes buiten te doen. Tijdens de eerste paar maanden is het het beste om een lijn te gebruiken wanneer je de pup uitlaat. Dit zal hem helpen te le-

Foto met dank aan
Gabe & Natty Hynes

ren aan de lijn te lopen en voorkomt dat hij wordt afgeleid voordat hij zijn behoefte heeft gedaan.

Een waarschuwing – begin niet met het prijzen van de pup totdat de pup klaar is met zijn behoefte doen. Onderbreking tijdens het plassen kan ervoor zorgen dat de pup stopt, waardoor de kans groter wordt dat hij opnieuw zal gaan zodra je weer binnen bent.

Een Schema Opstellen

Je moet je pup in de gaten houden en consequent zindelijkheidssessies hebben:

- Na het eten
- Na het ontwaken uit de slaap of elk dutje
- Volgens een schema (nadat het is vastgesteld)

Let op signalen van je Shiba Inu zoals snuffelen en rondjes lopen, twee zeer gebruikelijke activiteiten wanneer een pup op zoek is naar een plek om zijn behoefte te doen. Begin je schema aan te passen aan de unieke behoeften van je pup.

Puppy's hebben kleine blaasjes en weinig controle in de eerste dagen. Als je je pup zindelijk moet maken binnenshuis, zorg dan voor één vaste plek in het pupgebied met een schoon plasmatje. Daarnaast is het belangrijk om genoeg geschikte matjes in huis te hebben, zodat je pup zijn behoefte kan doen zonder op de vloer te belanden. Zorg er dan voor dat je die matjes regelmatig verschoont, zodat je pup niet gewend raakt aan afval in de buurt. De matjes zijn beter dan krantenpapier en kunnen meer absorberen. Je zult moeten plannen om zo snel mogelijk over te gaan naar buiten zijn behoefte doen, maar dat zou niet te veel van een probleem moeten zijn met een Shiba Inu.

Een Locatie Kiezen

"Plan hoe je de pup naar buiten krijgt om zijn behoefte te doen - dit is een schoon ras dat vaak al op 7 weken zindelijk is en NIET binnen zijn behoefte zal doen. En wees voorbereid om de pup elke 4 uur overdag naar buiten te brengen - weer of geen weer."

Susan Norris-Jones
SunJo Shiba Inu & Japanese Chin

Foto met dank aan
Ann Nghiem

Een aangewezen toiletruimte kan helpen om de ervaring van zindelijkheidstraining gemakkelijker te maken omdat de Shiba Inu één gebied van de tuin zal gaan associëren met dat ene doel, in plaats van rond te snuffelen tot hij een geschikte plek vindt. Als je hond steeds op dezelfde plek zijn behoefte doet, wordt opruimen een stuk makkelijker. Zo kun je de hele tuin blijven gebruiken zonder bang te zijn dat jij of iemand anders in een hoopje stapt. Tijdens wandelingen is het de perfecte tijd om je pup te trainen zijn behoefte te doen. Tussen wandelingen en de tuin zal je pup de lijn gaan zien als een teken dat het tijd is om zijn blaas te legen, wat een Pavlov-reactie zou kunnen worden. Gezien het feit dat Shiba Inu zo slim zijn, zal het je metgezel niet lang duren om het verband te begrijpen.

Zorg ervoor dat je de hele tijd dat je buiten bent aandacht besteedt aan je pup. Je moet ervoor zorgen dat hij begrijpt dat het doel van naar buiten gaan is om zijn behoefte te doen. Stuur je pup niet zomaar naar buiten en ga er niet klakkeloos van uit dat hij zijn behoefte heeft gedaan. Totdat er geen ongelukjes meer in huis zijn, moet je controleren of je pup niet zijn focus verliest terwijl hij buiten is.

Sleutelwoordtraining

Alle training moet sleutelwoorden bevatten, zelfs zindelijkheidstraining. Het is belangrijk dat jij en alle gezinsleden dezelfde woorden gebruiken bij het zindelijk maken van je hond, en dat die consequent worden toegepast tijdens de training. Als je een volwassene hebt gekoppeld aan een kind, moet de volwassene degene zijn die het sleutelwoord gebruikt tijdens de training.

Om verwarring bij je pup te voorkomen, moet je oppassen dat je geen woorden kiest die je vaak in huis gebruikt. Gebruik een commando als 'Ga plassen' om je pup duidelijk te maken dat het tijd is om zijn behoefte te doen. Vermijd woorden als 'toilet' of 'potje' – die gebruik je binnenshuis waarschijnlijk vaker en kunnen hem per ongeluk aanzetten om te gaan op het verkeerde moment. 'Ga plassen' is geen zin die je dagelijks zomaar zegt, dus de kans is klein dat je die per ongeluk gebruikt als je niet bedoelt dat je pup zijn behoefte moet doen.

Zodra je pup leert zijn behoefte te doen op basis van het commando, zorg er dan voor dat hij klaar is voordat je lof of beloningen aanbiedt.

Beloon Goed Gedrag Met Positieve Bekrachtiging

Positieve bekrachtiging is ongelooflijk effectief bij Shiba Inu. Neem in het begin een paar brokjes mee wanneer je je pup leert waar hij naartoe moet, zowel binnen als buiten het huis. Leren dat jij degene bent die de leiding heeft, zal de Shiba Inu helpen om naar jou te kijken voor aanwijzingen en instructies.

Een deel van consequent zijn met training betekent de kleine jongen overladen met lof wanneer je pup het juiste doet. Als je je pup zachtjes aan de lijn naar het gebied leidt zonder andere stops, zal het geleidelijk duidelijk worden dat je Shiba Inu daar naartoe moet gaan om zijn behoefte te doen. Zodra je buiten bent, moedig je je Shiba Inu aan om te gaan wanneer je op de plek in de tuin komt die bedoeld is als zijn toiletplek. Zodra hij zijn behoefte heeft gedaan, geef je hem onmiddellijk en zeer enthousiast lof. Aai je pup terwijl je praat om de kleine jongen te laten weten hoe goed de actie was. Zodra de lof voorbij is, ga je onmiddellijk terug naar binnen. Dit is geen speeltijd. Je wilt dat je pup bepaalde uitstapjes associeert met aangewezen plasmomentjes.

Lof is veel effectiever voor Shiba Inu, maar je kunt je pup ook een traktatie geven na een paar succesvolle tripjes naar buiten. Maak er zeker geen gewoonte van om na elk tripje traktaties te geven, omdat je niet wilt dat je Shiba Inu er elke keer een verwacht als hij zijn behoefte doet. De les is om naar buiten te gaan, en dat kan traktaties omvatten. De meeste Shiba Inu zullen tevreden zijn met simpelweg hun gebied schoon houden, dus je kleine jongen zal niet lang traktaties nodig hebben zodra hij gewend raakt aan naar buiten gaan.

De beste manier om te trainen in de eerste maand of twee is om elk uur of twee naar buiten te gaan, zelfs 's nachts. Je zult een wekker moeten zetten om je binnen die tijd te wekken om de pup naar buiten te brengen. Gebruik de lijn om de focus te houden op het doen van de behoefte, geef dezelfde enthousiaste lof, ga dan onmiddellijk terug naar binnen en ga naar bed. Het is moeilijk, maar je Shiba Inu zal het veel sneller begrijpen als er geen lange periode tussen plasmomentjes zit. Na verloop van tijd zal de pup minder vaak naar buiten hoeven, waardoor jij meer rust krijgt.

Als je Shiba Inu een ongelukje heeft, is het belangrijk om je te onthouden van het straffen van de pup. Ongelukjes zijn geen reden om te straffen – het zegt eigenlijk meer over jouw training en schema dan over wat de pup heeft geleerd. Dat gezegd hebbende, ongelukjes zijn vrijwel onvermijdelijk. Wanneer het gebeurt, zeg je tegen je pup: "Nee. Plassen buiten!" en ruim je de rommel onmiddellijk op. Zodra dat gedaan is, neem je de pup mee naar buiten om zijn behoefte te doen. Natuurlijk, als je pup niet gaat, krijgt hij geen lof.

Opruimen

Ruim eventuele rommel in huis zo snel mogelijk op als je ze vindt. Tenzij je je pup in huis zijn behoefte ziet doen, heeft negatieve bekrachtiging geen zin. Je hond zal simpelweg leren zijn rommel te verbergen om straf te vermijden. Neem de hond in plaats daarvan mee naar buiten en kijk of hij zijn behoefte wil doen. Als er iemand thuis is, is het het beste om de rommel zo snel mogelijk op te ruimen. Besteed wat tijd aan het onderzoeken van welke soorten reinigingsmiddelen je wilt gebruiken, of het nu generieke of holistische zijnShiba Inu's hebben meestal geen moeite met het markeren van hun territorium, zeker als ze goed zijn getraind. Maar het is wel verstandig om te voorkomen dat bezoekende honden plekken gaan claimen waar je pup eerder een ongelukje had. Enzymatische reinigingsmiddelen zijn het beste voor het opruimen van puppy-ongelukjes.

Let op wanneer deze ongelukjes gebeuren en bepaal of er een overeenkomst tussen hen is. Misschien moet je een extra tripje naar buiten toevoegen voor je pup of zou je een verandering in zijn wandelschema moeten maken. Of misschien is er iets dat je hond laat schrikken, waardoor een ongelukje ontstaat.

HOOFDSTUK 11
Socialisatie

De Shiba Inu is een waardig hondenras dat geen enkele vorm van angst vertoont. Wanneer ze niet goed gesocialiseerd zijn, kunnen ze last krijgen van angst en onzekerheid, wat hen agressiever kan maken tegenover andere honden. Aangezien ze ware ontsnappingskunstenaars zijn, is het absoluut noodzakelijk dat je je pup socialiseert, zodat hij bij een eventuele ontsnapping niet aan grotere risico's wordt blootgesteld. Bovendien is een slecht gesocialiseerde Shiba Inu eerder geneigd te ontsnappen, ook al lijkt dat tegenstrijdig. Je Shiba Inu is een lid van het gezin, dus het is belangrijk dat hij zich comfortabel voelt rond andere mensen en honden. Hij moet leren dat de meeste geen bedreiging vormen, ook als ze zijn leiderschap niet erkennen.

Socialisatie stelt je Shiba Inu-pup in staat om te leren dat het heel leuk kan zijn om te spelen met mensen die je in huis uitnodigt en honden die je tijdens je wandelingen tegenkomt – als je Shiba Inu in de stemming is voor interactie. Om ervoor te zorgen dat je Shiba Inu zich op zijn gemak voelt, moet je de socialisatie vanaf zeer jonge leeftijd plannen.

Foto met dank aan
Whitney Kono

Foto met dank aan
Diane Leighton

Vergeet niet dat je pup alle vaccinaties moet hebben gehad voordat hij aan andere honden wordt blootgesteld.

Socialisatie Maakt Het Leven Op De Lange Termijn Gemakkelijker

Alle honden hebben socialisatie nodig, maar intelligente rassen hebben een meer analytische geest. Daarom wil je dat ze zo vroeg mogelijk leren dat de wereld meestal veilig is en dat andere mensen en dieren doorgaans geen bedreiging vormen. Het helpt ook als je pup leert dat dominant en agressief gedrag niet acceptabel is.

Het voordeel van vroege socialisatie is dat het leven voor iedereen een stuk aangenamer wordt, ongeacht de situatie. Een gesocialiseerde hond benadert de wereld vanuit een veel betere positie dan een hond die niet gesocialiseerd is.

De meeste Shiba Inu's die niet goed gesocialiseerd zijn, willen andere honden domineren. Ze zijn niet uit op een gevecht met de honden die ze tegenkomen, maar ze willen dat de andere honden weten dat zij de baas zijn. Dit maakt het naar buiten gaan minder plezierig en kan schadelijk zijn voor je Shiba Inu als hij erin slaagt uit je huis te ontsnappen.

Nieuwe Mensen Begroeten

Je Shiba Inu leren hoe hij met bezoekers moet omgaan, kan wat langer duren omdat hij misschien geen zin heeft in sociale interactie – en mensen zullen je schattige hondje willen aaien. Het is net zo belangrijk om mensen te laten weten hoe ze met je hond moeten omgaan, als het is om je hond te leren hoe hij met bezoekers moet omgaan. Laat je bezoekers weten dat ze de hond met rust moeten laten als de hond geen interesse toont in een kennismaking.

Pups vinden het meestal leuk om nieuwe mensen te ontmoeten, dus zorg ervoor dat je mensen uitnodigt om je viervoetige gezinslid te helpen socialiseren. Om je pup aan een nieuw persoon voor te stellen, probeer een van deze methoden:

1. Probeer je pup dagelijks nieuwe mensen te laten ontmoeten, indien mogelijk. Dit kan tijdens wandelingen of terwijl je andere activiteiten doet waarbij je het huis verlaat. Als je niet dagelijks nieuwe mensen kunt ontmoeten, probeer dan ten minste 4 keer per week.

2. Nodig vrienden en familie uit en laat hen een paar minuten aandacht aan de pup besteden. Als je pup een favoriet spelletje of activiteit heeft, laat mensen dat dan weten zodat ze met hem kunnen spelen. Dit zal het kleine ventje heel snel voor zich winnen en hem leren dat nieuwe mensen leuk en veilig zijn.

3. Zodra je pup oud genoeg is om trucjes te leren (na de eerste maand – probeer hem niet meteen trucjes te leren), laat je kleine vriend dan de trucjes demonstreren voor bezoekers. Dit is erg belangrijk naarmate je pup groter wordt, omdat veel mensen nerveus zijn rond honden van elke grootte. Een demonstratie van trucjes helpt hen te zien dat je hond net zo speels en grappig is als andere honden.

4. Vermijd drukte gedurende de eerste paar maanden. Wanneer je pup enkele maanden tot een jaar oud is, bezoek dan een paar hondvriendelijke evenementen zodat je pup kan leren zich niet ongemakkelijk te voelen rond een grote groep mensen.

Foto met dank aan
Trisha Cutright

Nieuwe Honden Begroeten

"Shiba's kunnen hondagressief zijn (en zijn dat vaak ook), zelfs met de juiste training."

CJ Strehle
JADE Shiba Inu

Hoofdstuk 8 behandelt de introductie van je nieuwe Shiba Inu bij je andere honden, maar het ontmoeten van andere honden is een beetje anders. De meeste honden buigen en snuffelen aan elkaar tijdens een kennismaking. Let op dezelfde tekenen van agressie die in hoofdstuk 8 worden behandeld, zoals opstaande haren en ontblote tanden. Buigen, een hoge staart en gespitste oren betekenen meestal dat je Shiba Inu enthousiast is over de ontmoeting met de hond. Als je Shiba Inu geluiden maakt, let dan op de tekenen van agressie om er zeker van te zijn dat de geluiden van spel zijn, niet van ongemak.

Iets wat de meeste Shiba Inu's niet leuk vinden, is een andere hond die zonder waarschuwing hun ruimte binnendringt. Een hond die van achteren nadert en snuffelt, kan een agressieve reactie uitlokken als je Shiba Inu niet doorhad dat de hond naderde. Dit zal waarschijnlijk meer een probleem worden naarmate je hond ouder wordt en niet zo goed meer hoort of ziet. Als je hond nog jong is, kun je mensen met overenthousiaste honden waarschuwen om hun hond niet te dicht bij de jouwe te laten komen.

Wees voorzichtig en langzaam bij de kennismaking. Het is mogelijk dat je Shiba Inu niet van achteren besnuffeld wil worden; zorg er in dat geval voor dat je andere honden tegenhoudt om achter je hond te gaan.

Het Belang Van Voortdurende Socialisatie

Socialisatie is nooit klaar bij een hond, vooral niet bij een hond die zo onafhankelijk is als een Shiba Inu. Ervoor zorgen dat de pup wordt blootgesteld aan andere mensen en andere honden is belangrijk om te voorkomen dat hij te agressief of dominant wordt. Dit betekent niet dat je hem moet dwingen tot interactie, maar het deelnemen aan cursussen en het organiseren van speelafspraken zal je hond een reden geven om enthousiast te zijn over het ontmoeten van anderen.

Je hoeft echter niet per se de deur uit als je dat niet wilt. Laat familie en vrienden regelmatig op bezoek komen, vooral als ze hun honden meenemen, zodat je Shiba Inu constant eraan herinnerd wordt dat zijn huis een gastvrije plek is, niet ergens waar hij zijn dominantie moet laten gelden. Je wilt niet dat je pup het gevoel krijgt dat de buitenwereld prima is, maar dat hij thuis een kleine terreur kan zijn.

Een Volwassen Hond Socialiseren

Soms zit een volwassen hond te vast in zijn gewoonten om te veranderen, vooral als je hond op leeftijd is. De meeste volwassen honden kunnen echter gesocialiseerd worden, zolang je er je topprioriteit van maakt (samen met training). Als je niet bereid bent om zeer geduldig te

Foto met dank aan
Brooke Steinbach

zijn met je volwassen Shiba Inu, dan kun je beter geen volwassen hond adopteren. Hun koppige aard maakt het veel werk, en je moet bereid zijn om geduldig te zijn. Voordat je kunt beginnen met het socialiseren van je hond, moet je ervoor zorgen dat hij al enkele basiscommando's kent en dat je hem onder controle hebt voordat er kennismakingen plaatsvinden.

Het socialiseren van een volwassen hond vereist veel tijd, toewijding, zachte training en een stevige aanpak. Je hebt misschien het geluk dat je een volwassen hond krijgt die al goed gesocialiseerd is. Dat betekent echter niet dat je volledig ontspannen kunt zijn. De hond heeft misschien een slechte ervaring gehad met een bepaald hondenras waar niemand van weet.

1. Je hond moet de volgende commando's beheersen voordat je aan socialisatie werkt:

   a. Zit

   b. Af

   c. Volg

   Het kan ook nuttig zijn als je hond 'blijf' en 'lig' kent. Als je hond op één plek kan blijven op jouw commando, laat hij zelfbeheersing zien. Dit is erg waardevol voor socialisatie, omdat je zo een agressieve impuls kunt overstemmen door zijn luistermodus te activeren. Wanneer je naar buiten gaat, moet je je zeer bewust zijn van je omgeving (je Shiba Inu zal zeer alert zijn, dus je kunt niet op je telefoon zitten of iets anders doen dan naar je omgeving kijken), en in staat zijn om je hond te commanderen voordat een andere hond of persoon in de buurt komt.

2. Gebruik een korte lijn tijdens wandelingen. Bij het eerste teken van agressie moet je omdraaien en in de tegenovergestelde richting lopen. Door je bewust te zijn van je omgeving, zul je beginnen te herkennen waarop je hond reageert, zodat je je hond kunt trainen om niet negatief te reageren.

3. Verander van richting als je merkt dat je Shiba Inu niet goed reageert op een bepaalde persoon of hond die op je afkomt. Vermijding is een goede kortetermijnoplossing totdat je weet dat je hond de aanwezigheid van deze andere honden of mensen beter accepteert.

   Als je niet in een andere richting kunt gaan, zeg dan tegen je hond dat hij moet zitten en blokkeer vervolgens zijn zicht. Dit kan erg uitdagend zijn, omdat je hond zal proberen om je heen te kijken. Doe trainingsoefeningen om je hond te dwingen naar je te luisteren, zodat zijn aandacht wordt afgeleid van wat er op hem afkomt.

4. Vraag vrienden met vriendelijke honden om je te bezoeken en ontmoet elkaar in een afgesloten ruimte. Het laten interacteren van één of twee vriendelijke honden met jouw hond kan je Shiba Inu helpen inzien dat niet alle honden gevaarlijk zijn of op hun plaats gezet moeten worden. Als de honden samen rond het gebied lopen zonder veel interactie, kan je hond leren dat andere honden meestal gewoon geïnteresseerd zijn in het genieten van de buitenlucht, dus er is geen reden om ze te intimideren.

5. Neem speciale traktaties mee, alleen voor wandelingen. Als je hond erg agressief is tijdens het wandelen, laat hem dan zitten en geef hem een van de speciale traktaties. Shiba Inu's zijn voedselgedreven, dus dit kan een perfecte manier zijn om je hond af te leiden van wat hem beschermend doet voelen. Bij het eerste gegrom of teken van agressie, schakel je over naar de trainingsmentaliteit en maak je gebruik van het verlangen van je hond naar die speciale traktaties. Deze methode is langzaam maar betrouwbaar op de lange termijn, omdat je hond leert dat de komst van vreemden en andere honden speciale traktaties betekent — een positieve ervaring in plaats van een negatieve. Dit traint de hond echter niet om met die honden om te gaan. Je kunt het combineren met de 4e suggestie om de beste resultaten te krijgen.

Als je problemen hebt met je volwassen hond, raadpleeg dan een gedragsdeskundige of gespecialiseerde trainer.

Omgaan Met Dominantie

Dominante honden zijn veel meer geneigd om met enige mate van agressie te reageren wanneer iemand probeert met hen te interacteren en de hond niet geïnteresseerd is. Ze zijn ook meer geneigd om hun eigen zin te krijgen, wat betekent dat ze de regels voortdurend testen. Het is ongelooflijk onwaarschijnlijk dat ze zullen terugdeinzen of zich onderwerpen wanneer ze voor een uitdaging staan, wat de kans op een gevecht vergroot.

Het volgende zal je helpen om beter om te gaan met een dominante hond.

- De beste manier om hiermee om te gaan is om vastberaden en kalm te blijven. Als je begint te schreeuwen of angst creëert bij je Shiba Inu, geef je hem alleen maar meer redenen om overstuur en gestrest te zijn, wat precies het tegenovergestelde is van wat je wilt. In plaats van deze negatieve reacties, haal je je hond weg uit stressvolle situaties.

- Gebruik geen enkele vorm van fysieke straf om je hond te corrigeren. Dit moedigt hem aan om fysiek te reageren, wat de kans vergroot dat hij naar anderen bijt of uitvalt.

- Houd altijd toezicht op de interacties van je hond met anderen, vooral in het begin, zodat je kunt ingrijpen voordat de waarschuwingssignalen van agressie zich uiten in daden.

Foto met dank aan
Marvin Forquer

- Consequent zijn is absoluut essentieel om je Shiba Inu de regels te leren. Als je niet wilt dat je Shiba Inu beschermend wordt over zijn speelgoed, mag je hem niet laten grommen als mensen in de buurt van het speelgoed komen. Als je je Shiba Inu niet op de meubels wilt, mag je je Shiba Inu nooit op de meubels laten. Elke afwijking van de regels zal worden gezien als een zwakte in jou. Stel de regels vast en houd je er altijd aan. Dit betekent ook dat je ervoor moet zorgen dat iedereen in het gezin zich eraan houdt.

- Gehoorzaamheidscursussen worden aanbevolen. Hoofdstuk 12 geeft wat meer informatie over wanneer je met cursussen moet beginnen.

- Zorg voor de juiste uitrusting voor je hond. Als je hond in het verleden iemand heeft gebeten, moet je een muilkorf hebben om verder bijten te voorkomen wanneer je bezoekers hebt. Als je hond tekenen van agressie vertoont, kan een sleeplijn handig zijn om ervoor te zorgen dat je je Shiba Inu onder controle houdt tijdens wandelingen.

Een dominante hond naar een hondenlosloopgebied brengen is een unieke uitdaging, en het gaat evenzeer om het in de gaten houden van de andere mensen en honden als van je eigen hond. Hondenlosloopgebieden kunnen een geweldige plek zijn voor je hond om te socialiseren, maar je moet een plek bezoeken waar verantwoordelijke mensen komen. Je wilt niet naar een plek gaan waar mensen meer tijd besteden aan het socialiseren met elkaar en hun honden negeren. Dit vergroot de kans op een gevecht.

Als je ervoor kiest om naar het hondenlosloopgebied te gaan, moet je voortdurend op je hond letten. Je moet niet alleen letten op tekenen van problemen bij je hond, maar je moet er ook voor zorgen dat mensen je hond niet op een onaanvaardbare manier behandelen. Ze willen misschien je Shiba Inu aaien en ermee spelen omdat je hond zo schattig is. Als je Shiba Inu niet geïnteresseerd is, wil je niet dat mensen (vooral kinderen) proberen met hem te spelen. Je wilt ook niet dat andere mensen proberen je Shiba Inu te 'trainen', want dat zal niet goed gaan.

HOOFDSTUK 12
Je Shiba Inu Trainen

"Het is het beste om je Shiba pup te trainen om te gehoorzamen en bij je te blijven. Het ras staat erom bekend dat ze er vandoor gaan en wegrennen als de kans zich voordoet."

Jan Hill
Dark Knight Shibas

Shiba Inu zijn het soort ras dat altijd in staat is om iets nieuws te leren, en als ze in de stemming zijn, kan het zowel leuk als lonend zijn. Als ze echter niet in de stemming zijn, wordt trainen exponentieel moeilijker. Dit is een ras dat zowel energie als hersenen heeft, dus je hebt veel opties in hoe je je hond wilt trainen. Commando's zoals 'rol om', 'spreek', 'high five' en 'speel dood' zullen voor een Shiba Inu ongeveer net zo gemakkelijk zijn als de meeste basiscommando's – zolang je Shiba Inu maar wil leren. Neem de tijd om te ontdekken wat Shiba Inu allemaal kunnen doen. Ze willen misschien graag hun zin hebben, maar ze houden ook van leren en zijn ongelooflijk bekwame leerlingen.

Het enige wat je in gedachten moet houden, is dat je geduldig moet zijn. Er is een reden waarom de Shiba Inu op bijna elke lijst staat van een van de moeilijkst te trainen rassen, en er zijn veel meer verkeerde manieren om ze te trainen dan juiste, gezien hun koppigheid.

Foto met dank aan
Whitney Kono

Voordelen Van Goede Training

Naast het feit dat socialisatie en algemene uitstapjes gemakkelijker worden, kan training een manier zijn om het leven van je hond te redden. Het begrijpen van commando's helpt om te voorkomen dat je hond de straat op rent of reageert op provocaties van andere honden (of zelf de agressor wordt). Aangezien ze ware ontsnappingskunstenaars zijn, kan dit ook tijdbesparend zijn voor het geval je hond van je wegloopt.

Foto met dank aan Ashley Antill

Training is een geweldige manier om een band op te bouwen met je hond. Het geeft jullie toegewijde tijd samen en helpt je om de zich ontwikkelende persoonlijkheid van een puppy te begrijpen en te leren welke soorten beloningen het beste werken voor andere taken, zoals socialisatie.

Het meest plezierige voordeel van een solide basis voor training is dat je je hond kunt trainen om zoveel meer te doen. Dit is een hond die kan meedoen met zoveel menselijke activiteiten, zoals kajakken, wandelen en balspelen. Je wilt ervoor zorgen dat je Shiba Inu getraind is zodat je kunt genieten van een volledig scala aan activiteiten.

De Juiste Beloning Kiezen

"Training kan een uitdaging zijn! Sommige Shiba's zijn niet gemotiveerd door voedsel, en werken ook niet alleen voor aaitjes. Ze zijn vaak geen goede gehoorzaamheidshonden, omdat ze dingen graag op HUN manier doen."

CJ Strehle
JADE Shiba Inu

De juiste beloning voor een Shiba Inu zal uiteindelijk liefde en genegenheid zijn. Traktaties zijn de gemakkelijkste manier om een puppy te laten begrijpen dat het uitvoeren van trucjes goed gedrag is. Al snel zul je echter moeten overschakelen op iets dat een secundaire versterker is. Lof, extra speeltijd en extra aaien zijn allemaal fantastische beloningen voor Shiba Inu, afhankelijk van de huidige stemming van je hond. Ondanks hun occasionele koude schouder, houden ze wel van hun mensen. Ze zullen alleen niet snel achter je aan lopen zoals veel andere hondenrassen. Na een intensieve trainingssessie op de bank ploffen om een film te kijken en je puppy bij je laten zitten, is een geweldige beloning. Niet alleen heeft je puppy geleerd, maar jullie kunnen nu ook samen ontspannen.

Als je wilt dat je Shiba Inu positieve feedback associeert met een geluid, kun je een clicker gebruiken. Ze zijn relatief goedkoop en moeten tegelijkertijd worden gebruikt wanneer je je puppy of hond prijst. Ze zijn niet noodzakelijk, maar sommige trainers gebruiken ze wel. Het is aan jou of je nog iets extra's wilt meenemen tijdens het trainen en uitlaten van je puppy.

Naamherkenning

In de loop van de tijd bedenken velen van ons meerdere namen voor onze honden. Bijnamen, grapnamen en beschrijvingen op basis van sommige van hun belachelijke acties (daarom houden we van ze) kunnen allemaal later worden gebruikt. Maar voordat je een hond kunt trainen, moet je ervoor zorgen dat je hond zijn echte naam begrijpt.

1. Pak wat traktaties en laat er een aan je hond zien.

2. Zeg de naam van de hond, zeg onmiddellijk "Ja" (je hond moet naar je kijken als je spreekt) en geef je hond dan een traktatie.

3. Wacht 10 seconden, laat je hond dan een traktatie zien en herhaal stap 2.

Sessies mogen niet langer duren dan ongeveer vijf minuten, omdat je hond anders zijn focus of interesse verliest. Naamherkenning is iets wat je meerdere keren per dag kunt doen. Nadat je dit over vijf tot tien sessies hebt gedaan, verandert de training een beetje.

1. Wacht tot je hond geen aandacht aan je besteedt.

2. Roep je hond. Als de hond een riem om heeft, geef er dan een zacht rukje aan om de aandacht van je hond te trekken.

3. Zeg "Ja" en geef de hond een traktatie wanneer hij naar je kijkt.

Spreek tijdens deze periode de naam van je hond niet uit tijdens correcties of zonder echte reden. Dit komt omdat je in het begin de hond alleen de naam moet laten associëren met iets heel positiefs, zoals traktaties. Dit zal je hond sneller programmeren om naar je te luisteren, ongeacht wat er om hem heen gebeurt.

Het is waarschijnlijk dat je Shiba Inu niet veel tijd nodig heeft voordat hij zijn naam herkent.

Essentiële Commando's

Er zijn vijf basiscommando's die alle honden zouden moeten kennen. Deze commando's vormen de basis voor een gelukkige en plezierige relatie met je hond. Tegen de tijd dat je puppy alle vijf de commando's heeft geleerd, zal het duidelijker zijn wat het verband is tussen de woorden die je zegt en de verwachte acties. Dit zal de hond helpen om nieuwe woorden te begrijpen in termen van verwachting en zal het veel gemakkelijker maken om hem te trainen op de meer complexe concepten.

Train je puppy om de commando's uit te voeren in de volgorde waarin ze in dit hoofdstuk verschijnen. Zit is een basiscommando, en iets wat alle honden al van nature doen. Aangezien honden vaak zitten, is dit het gemakkelijkste om te leren. Het leren van 'laat los' en 'los' is veel moeilijker, en het vereist meestal dat de puppy tegen een instinct of verlangen vecht. Bedenk hoe vaak je toegeeft aan iets wat je wilt doen terwijl je weet dat je het niet zou moeten doen – dat is ongeveer waar je mee te maken hebt, maar dan met een puppy. Stil kan ook een moeilijk commando zijn, omdat honden (vooral puppy's) de neiging hebben om te blaffen als een natuurlijke reactie op iets. Deze twee commando's zullen langer duren om te leren, dus je wilt de nodige hulpmiddelen al op hun plaats hebben om je kansen op succes te vergroten.

- Hier zijn enkele basisrichtlijnen die je tijdens de training moet volgen.
- Betrek iedereen in huis bij de training van de Shiba Inu. De puppy moet leren luisteren naar iedereen in het huishouden, en niet slechts naar één of twee mensen. Een vast trainingsschema kan in het begin slechts een paar mensen omvatten, vooral als je kinderen hebt. Er moet altijd een volwassene aanwezig zijn voor de training, maar het betrekken van één kind tijdens de training zal het idee versterken dat de puppy naar iedereen in huis moet luisteren. Het is ook een goede manier voor de ouder om de interactie van het kind met de puppy te controleren, zodat iedereen speelt op een manier die veilig is en de regels volgt.

*Foto met dank aan
Sophie Riggs*

- Om te beginnen, kies een gebied waar jij en je puppy geen andere afleiding hebben, inclusief geluid. Laat je telefoon en andere apparaten buiten bereik, zodat je je aandacht bij de puppy houdt.
- Blijf blij en enthousiast over de training. Je puppy zal je enthousiasme oppikken en zal zich daardoor beter concentreren.
- Wees consequent en vastberaden tijdens het lesgeven.
- Neem een speciale traktatie mee naar de eerste trainingssessies, zoals stukjes kip of kleine snoepjes.

Zit

Begin met het leren van 'zit' wanneer je puppy ongeveer acht weken oud is. Zodra je je op je rustige trainingslocatie hebt gevestigd:

1. Houd een traktatie voor.

2. Beweeg de traktatie over het hoofd van je puppy. Dit zal de puppy achteruit laten bewegen.

3. Zeg 'zit' als de achterste van de puppy de vloer raakt.

Het is handig om een tweede persoon in de buurt te hebben om dit met je puppy te demonstreren, aangezien zij kunnen zitten om te laten zien wat je bedoelt.

Wacht tot je puppy begint te gaan zitten en zeg 'zit' terwijl hij of zij gaat zitten. Als je puppy helemaal gaat zitten, geef dan lof. Natuurlijk zal dit je puppy ongelooflijk opgewonden en wiebelig maken, dus het kan even duren voordat hij weer wil gaan zitten. Wanneer het moment komt en de puppy weer begint te gaan zitten, herhaal je het proces.

Het zal meer dan een paar sessies duren voordat de puppy je woorden volledig met de acties verbindt. Commando's zijn iets compleet nieuws voor je kleine metgezel. Zodra je puppy heeft laten zien dat hij 'zit' beheerst, begin je met het leren van 'af'.

Af

Herhaal hetzelfde proces om dit commando te leren als je deed voor 'zit'.

1. Zeg tegen je hond dat hij moet zitten.

2. Houd de traktatie voor.

3. Laat de traktatie naar de vloer zakken terwijl je hond eraan snuffelt. Laat je pup aan de traktatie likken, maar als je hond opstaat, begin dan opnieuw.

4. Zeg 'af' als de ellebogen van de puppy de vloer raken, geef dan lof terwijl je je puppy de traktatie laat opeten.

Wacht tot de puppy gaat liggen, zeg dan het woord 'af'. Als de Shiba Inu de actie voltooit, bied dan je gekozen beloning aan.

Het zal waarschijnlijk iets minder tijd kosten om dit commando te leren.

Wacht tot je puppy 'af' heeft beheerst voordat je verdergaat met 'blijf'.

Blijf

'Blijf' is een essentieel commando om te leren, omdat het je puppy kan weerhouden om een straat over te steken of op iemand af te rennen die nerveus of bang is voor honden. Het is belangrijk dat je hond 'zit' en 'af' heeft beheerst voordat je 'blijf' leert. Het leren van dit commando zal moeilijker zijn, omdat het niet iets is wat je puppy van nature doet. Wees erop voorbereid dat het wat langer duurt.

1. Zeg tegen je puppy dat hij moet zitten of blijven.
2. Terwijl je dit doet, plaats je je hand voor het gezicht van de puppy.
3. Wacht tot de puppy stopt met proberen aan je hand te likken voordat je weer begint.
4. Wanneer de puppy tot rust komt, doe je een stap weg. Als je puppy niet beweegt, zeg je 'blijf' en geef je een traktatie en wat lof.

Het geven van de beloning aan je puppy geeft aan dat het commando voorbij is, maar je moet ook aangeven dat het commando voltooid is. De puppy moet leren om te blijven totdat je zegt dat het oké is om de plek te verlaten. Zodra je de toestemming geeft om te bewegen, geef dan geen traktaties meer. 'Kom' mag niet worden gebruikt als het oké-woord, omdat het een commando is dat voor iets anders wordt gebruikt.

Herhaal deze stappen en neem meer stappen verder van de puppy na een succesvol commando.

Zodra je puppy 'blijf' begrijpt wanneer je wegloopt, begin je met trainen om te blijven, zelfs als je niet beweegt. Verleng de tijd die de puppy op één plek moet blijven, zodat hij begrijpt dat 'blijf' eindigt met het oké-commando.

Wanneer je het gevoel hebt dat je puppy 'blijf' beheerst, begin je de puppy te trainen om te komen.

Kom

Dit is een commando dat je pas kunt leren als de puppy de vorige commando's heeft geleerd. Voordat je met de trainingssessie begint, beslis je of je 'kom' of 'kom hier' wilt gebruiken voor het commando. Wees consequent in de woorden die je gebruikt.

Dit commando is belangrijk om dezelfde reden als het vorige. Als je in de buurt bent van mensen die nerveus zijn rond honden, of een wild dier of andere afleiding tegenkomt, kan dit commando de aandacht van je puppy weer op jou richten.

1. Doe de puppy aan de lijn.

2. Zeg tegen de puppy dat hij moet blijven.

3. Ga weg van de puppy.

4. Zeg het commando dat je zult gebruiken voor 'kom' en geef een zacht rukje aan de lijn naar je toe.

Herhaal deze stappen en bouw een grotere afstand op tussen jou en de puppy. Zodra de puppy het lijkt te begrijpen, verwijder je de lijn en begin je op een korte afstand. Als je puppy het commando niet lijkt te begrijpen, geef dan wat visuele aanwijzingen over wat je wilt. Je kunt bijvoorbeeld op je been kloppen of met je vingers knippen. Zodra je puppy naar je toe komt rennen, bied je een beloning aan.

Af

Hoewel Shiba Inu klein zijn, is het belangrijk om je hond te trainen om ergens af te gaan of vanaf te komen. Dit is niet hetzelfde als je hond leren niet op mensen te springen (Hoofdstuk 9). Dit commando is specifiek om je hond van meubels, aanrechten en je schoot af te krijgen (Shiba Inu zijn niet altijd de schoothonden die ze denken te zijn).

Dit is training die je ter plekke moet doen, omdat je je hond traint om een actie te stoppen. Dit betekent dat je moet reageren op dat ongewenste gedrag. Het is essentieel om traktaties bij de hand te hebben wanneer je ziet dat je hond op dingen klimt waar je niet wilt dat hij op zit.

1. Wacht tot je hond zijn poten op iets zet waar je niet wilt dat hij op zit.

2. Zeg "Af" en lok hem weg met een traktatie die je net buiten zijn bereik houdt.

3. Zeg "Ja" en geef hem een traktatie zodra zijn poten van het oppervlak zijn.

Herhaal dit elke keer als je het gedrag ziet. Het zal waarschijnlijk minstens een half dozijn keer duren voordat je hond begrijpt dat hij de actie

*Foto met dank aan
Karolina Bialkowska*

niet meer moet uitvoeren. Schakel na verloop van tijd over van traktaties naar lof of spelen met een speeltje.

Laat Los

Dit is een moeilijk trainingscommando, maar je moet je hond 'laat los' leren voor wanneer je aan het wandelen bent en wilt dat hij andere mensen of honden negeert.

1. Laat je hond zien dat je traktaties in je hand hebt en sluit deze dan. Je vuist moet dicht genoeg bij zijn om je hond aan de traktatie te laten snuffelen.

2. Zeg "Laat los" wanneer je hond aan je hand begint te snuffelen.

3. Zeg "Ja" en geef je hond een traktatie wanneer hij zijn hoofd wegdraait van de traktaties. In het begin zal dit waarschijnlijk een tijdje duren, omdat je hond die traktaties wil hebben. Blijf niet "Laat los" zeggen, want je hond moet niet leren dat je een commando meer dan één keer zult geven. Je wilt dat hij leert dat hij moet doen wat je zegt na de eerste keer. Je zult je hond moeten overhalen om snel te reageren, daarom worden traktaties in het begin aanbevolen. Als er een minuut of meer verstrijkt na het geven van het commando, kun je het opnieuw geven, maar zorg ervoor dat je viervoeter op jou gericht is en niet afgeleid is.

Deze sessies mogen niet langer dan ongeveer vijf minuten duren, en het zal je hond wat tijd kosten om te leren, omdat je hem vraagt iets te negeren wat van nature in hem zit. Wanneer hij begint te begrijpen en wegkijkt wanneer je 'laat los' zegt zonder veel tijd te besteden aan snuffelen, kun je overgaan naar meer geavanceerde versies van de training.

1. Laat je hand open zodat je hond de traktaties kan zien.

2. Zeg "Laat los" wanneer je hond interesse begint te tonen (dit zal waarschijnlijk bijna onmiddellijk zijn, vooral omdat je je hand niet gesloten hebt, dus wees voorbereid).

    a. Sluit je vuist als je hond blijft snuffelen of in de buurt komt van de traktaties in je hand.

    b. Geef je hond een traktatie uit je andere hand als hij stopt.

Herhaal deze stappen totdat je hond eindelijk stopt met proberen aan de traktaties te snuffelen. Wanneer je hond dit onder de knie lijkt te hebben, ga je verder met de moeilijkste versie van dit commando.

1. Plaats traktaties op de grond, of laat je hond zien dat je ze verstopt, en blijf dicht bij die traktaties.

2. Zeg "Laat los" wanneer je hond interesse begint te tonen in het snuffelen aan de traktaties.

   a. Plaats een hand over de traktaties als hij niet luistert.

   b. Geef hem een traktatie uit je hand als je hond wel luistert.

Van hieruit kun je beginnen met trainen terwijl je verder van de traktatie staat met je hond aan de lijn, zodat je hem indien nodig kunt stoppen. Begin dan andere dingen te gebruiken waar je hond van houdt, zoals een favoriet speeltje of een andere verleidelijke traktatie die je normaal niet geeft.

Los

Dit zal een van de moeilijkste commando's zijn die je je puppy zult leren, omdat het ingaat tegen zowel de instincten als de interesses van je puppy. Je puppy wil houden wat hij heeft, dus je zult hem iets beters moeten aanbieden. Het is echter essentieel om het commando vroeg te leren, omdat je Shiba Inu in de vroege dagen zeer destructief zal zijn. Bovendien kan dit commando het leven van je viervoeter redden. Hij zal waarschijnlijk naar dingen springen die op voedsel lijken wanneer je aan het wandelen bent, en dit commando zal hem alles potentieel gevaarlijks laten loslaten dat hij oppakt.

Begin met een speeltje en een traktatie, of een grote traktatie die je hond niet in een paar seconden kan opeten, zoals een rawhide. Zorg voor een unieke traktatie die je puppy niet vaak krijgt, zodat er motivatie is om het speeltje of de grote traktatie los te laten.

1. Geef je puppy het speeltje of de grote traktatie. Als je ook een clicker wilt gebruiken, koppel deze dan aan de spannende traktatie die je zult gebruiken om je puppy te helpen overtuigen de traktatie los te laten.

2. Laat je puppy de spannende traktatie zien.

3. Zeg 'Los' en zodra je hond het speeltje of de traktatie loslaat, prijs je hem met 'goed' en geef je een extra lekkere traktatie, terwijl je het losgelaten voorwerp oppakt.

4. Herhaal dit onmiddellijk nadat je puppy de spannende traktatie heeft opgegeten.

Je zult dit commando maandenlang moeten blijven versterken nadat het is geleerd, omdat het geen natuurlijke reactie is. Je moet ook beginnen met voedsel dat je hond bijna onweerstaanbaar vindt. Dit is een van die zeldzame momenten waarop je een traktatie moet gebruiken, omdat je puppy iets nodig heeft om hem te overtuigen een geliefd speeltje los te laten, of belangrijker nog, voedsel dat hij niet zou moeten eten.

Stil

Shiba Inu worden niet beschouwd als overmatige blaffers, maar er is geen garantie dat die van jou niet vocaal zal zijn. In het begin kun je spaarzaam traktaties gebruiken om stilte te versterken als je pup graag geluid maakt. Als je puppy zonder duidelijke reden blaft, zeg hem dan stil te zijn en plaats een traktatie in de buurt. Het is bijna gegarandeerd dat de hond stil zal vallen om aan de traktatie te snuffelen, in welk geval je 'brave hond' of 'goed stil' zegt. Het zal niet te lang duren voordat je puppy begrijpt dat stil betekent niet blaffen.

Hoe Nu Verder

"Shiba's kunnen heel gemakkelijk te trainen zijn, omdat ze intuïtief en scherp zijn. Ze doen echter niets om ons te behagen, alleen zichzelf. Ze doen zelden iets alleen voor lof; ze hebben motivatie nodig. Gelukkig zijn de meeste gemotiveerd door speeltjes of voedsel, dus dat werkt goed. De honden die niet om speeltjes of voedsel geven, kunnen heel moeilijk zijn - ze weten wat 'wij' willen, maar ze zien gewoon niet in waarom ze het zouden moeten doen."

Susan Norris-Jones
SunJo Shiba Inu & Japanese Chin

Dit is een ras dat zeer veel baat kan hebben bij gehoorzaamheidstraining. Omdat ze zo koppig zijn, gaat gehoorzaamheidstraining evenzeer over het trainen van jou in hoe je moet reageren op koppigheid als over het trainen van je hond om gehoorzaam te zijn. Het geeft je Shiba Inu ook een kans om te socialiseren. Het is een veilige omgeving voor je pup om over andere honden te leren, omdat er veel aandacht wordt besteed aan alle honden. Het is een veilige omgeving en een geweldige ervaring voor jullie beiden om te leren.

Puppycursussen

Puppy's kunnen al vanaf 6 weken naar puppyschool gaan. Dit is het begin van gehoorzaamheidstraining, maar je moet voorzichtig zijn met hun interacties met andere honden totdat je puppy zijn vaccinaties heeft voltooid. Praat met je dierenarts over wanneer een goed moment is om te beginnen, of in ieder geval een veilig moment. Je dierenarts kan misschien goede puppytrainingscursussen in jouw omgeving aanbevelen.

Het primaire doel van deze cursussen is socialisatie, wat echt belangrijk is voor een ras als de Shiba Inu. Onderzoek heeft aangetoond dat een derde van de puppy's minimale blootstelling heeft aan nieuwe mensen en honden tijdens de eerste 20 weken van hun leven, wat de buitenwereld enger kan maken. De puppycursussen geven jou en je puppy de kans om te leren hoe je andere mensen en honden kunt ontmoeten en begroeten in een strikt gecontroleerde omgeving. Honden die deze cursussen volgen, zijn veel vriendelijker en hebben minder stress over dingen zoals grote vrachtwagens, harde geluiden en bezoekers. Ze zijn ook minder geneigd om nerveus te zijn of te lijden aan scheidingsangst.

Het is ook een goede training voor jou. Uit dezelfde onderzoeken bleek dat mensen beter in staat waren om op passende wijze te reageren wanneer een puppy ongehoorzaam was of zich misdroeg, iets wat absoluut essentieel is bij het trainen van een Shiba Inu. Het leert je hoe je je puppy moet trainen en hoe je moet omgaan met de opkomende koppige aard van je hond.

Veel cursussen helpen je met enkele van de basiscommando's, zoals 'zit' en 'af'. Zoek naar een cursus die zich ook richt op socialisatie, zodat je puppy het meeste uit de cursus kan halen.

Gehoorzaamheidstraining

Nadat je puppy is afgestudeerd aan de puppyschool en de meeste basiscommando's begrijpt, kun je overschakelen naar gehoorzaamheidscursussen. Ze zijn moeilijker, maar dat zou niet zo'n grote uitdaging moeten zijn voor een Shiba Inu. Sommige trainers bieden gehoorzaamheidstraining aan huis, maar het is het beste om een cursus te vinden zodat je hond socialisatie kan blijven volgen als onderdeel van de training. Als je puppy puppycursussen volgt, kunnen ze je voorzien van de volgende cursussen die ze aanbevelen. Honden van bijna elke leeftijd kunnen gehoorzaamheidstrainingscursussen volgen, hoewel je hond oud genoeg moet zijn om te luisteren (daarom zijn er puppycursussen – honden die 20 weken of jonger zijn, vormen een ander soort trainingsprobleem).

Gehoorzaamheidstraining omvat meestal het volgende:

- Het leren of versterken van basiscommando's, zoals 'zit', 'blijf', 'kom' en 'af'.
- Hoe te wandelen zonder aan de lijn te trekken.
- Hoe mensen en honden op de juiste manier te begroeten, inclusief niet op hen springen.

Gehoorzaamheidsschool gaat evenzeer over het trainen van jou als het trainen van je hond. Het helpt je te leren hoe je moet trainen terwijl je je hond door basiscommando's leidt en hoe je je moet gedragen bij basale interacties, zoals begroetingen en wandelen. Cursussen duren meestal tussen de 7 en 10 weken.

Vraag je dierenarts om aanbevelingen. Als je dierenarts geen aanbevelingen heeft, neem dan de tijd om je opties grondig te onderzoeken. Kijk naar de volgende details bij het evalueren van trainers:

- Zijn ze gecertificeerd?
- Hoeveel jaar trainen ze al honden?
- Hebben ze ervaring met Shiba Inu?
- Kun je deelnemen aan de training? Als het antwoord nee is, gebruik deze trainer dan niet. Je moet deel uitmaken van de training van je hond, omdat de trainer niet het grootste deel van het leven van je hond aanwezig zal zijn. Hij moet leren naar jou te luisteren.

Gehoorzaamheidstraining helpt niet bij ernstige gedragsproblemen. Als je hond angst, depressie of andere ernstige gedragsproblemen heeft, moet je een trainer inhuren om je hond te helpen door die problemen heen te werken. Doe je onderzoek om er zeker van te zijn dat je geselecteerde trainer een expert is, bij voorkeur met ervaring met intelligente, eigenzinnige honden. Vind indien mogelijk iemand die ervaring heeft met Shiba Inu.

Zodra je Shiba Inu de basiscommando's onder de knie heeft en het goed heeft gedaan in gehoorzaamheidstraining, kun je beginnen met andere, meer plezierige training. Zolang je Shiba Inu het goed deed in de cursussen, zou je geen trainer nodig moeten hebben omdat je hond naar je zal luisteren. Met een basis voor commando's en een actievere interesse in het leren van meer, kan dit een geweldige basis zijn om meer te doen – zolang je Shiba Inu geïnteresseerd is. Op dit punt zou je moeten kunnen inschatten of je hond geïnteresseerd is, en je hebt dan een beter idee of je moeilijkere training wilt proberen, afhankelijk van de persoonlijkheid van je hond.

HOOFDSTUK 13
Voeding

"Als Aziatisch ras hebben ze geen geschiedenis met rundvlees of granen, waarvoor specifieke spijsverteringsenzymen nodig zijn. Gevogelte, vis en wild zijn goede eiwitbronnen, terwijl rijst de best verdraagbare graansoort is."

Susan Norris-Jones
SunJo Shiba Inu & Japanese Chin

De afgelopen jaren hebben mensen hun Shiba Inu te zwaar laten worden voor hun kleine gestel vanwege de populariteit van Cody, een zwaarlijvige Shiba Inu. Mensen vonden de problemen die hij had 'schattig', wat eigenlijk wreed is omdat dat hijgen en de blik op het gezicht van de hond duidt op pijn, niet op geluk. Je moet voorzichtig zijn

met je Shiba Inu om ervoor te zorgen dat dit hem niet overkomt. Hoewel ze niet zo snel te veel eten als sommige andere rassen, betekent dat niet dat ze het niet zullen doen.

Het is verrassend eenvoudig om dit ras gezond te houden. Je moet alleen bewust zijn van wat je je Shiba Inu voert en ervoor zorgen dat je hond elke dag voldoende beweging krijgt. Gezien hun formaat is dit gemakkelijk te doen, maar het vereist wel planning voordat je puppy of hond arriveert.

Waarom Een Gezond Dieet Belangrijk Is

Aangezien Shiba Inu hun bewegingsbehoeften meestal aanpassen aan het activiteitsniveau van het gezin, moet je het dieet afstemmen op de hoeveelheid beweging die je hond regelmatig zal krijgen. Dit is een uniek probleem voor Shiba Inu-eigenaren, dus je moet goed opletten bij een afname in activiteit om ervoor te zorgen dat je je hond niet overvoert. Als je een zeer druk schema hebt, is het maar al te gemakkelijk om aanzienlijke onderbrekingen in activiteitsniveaus te hebben terwijl je thuis bent. Je Shiba Inu zal je schemawijzigingen niet begrijpen, alleen het feit dat er meestal een bepaalde hoeveelheid voedsel in zijn mond gaat, ongeacht zijn activiteitsniveau. Dit betekent dat hij waarschijnlijk in gewicht zal toenemen wanneer je de calorieën hetzelfde houdt terwijl je de activiteiten vermindert.

Je moet ongeveer weten hoeveel calorieën je hond per dag eet, inclusief traktaties. Houd het gewicht van je hond in de gaten, zodat je kunt zien wanneer hij kilo's aankomt. Dit geeft je een signaal wanneer je de hoeveelheid voedsel die je Shiba Inu per dag eet moet aanpassen, of zijn voer moet veranderen naar iets met meer voedingswaarde, maar minder calorieën.

Overleg altijd met je dierenarts als je zorgen hebt over het gewicht van je Shiba Inu. Je kunt ook thuis regelmatig gewichtscontroles uitvoeren omdat ze op huishoudelijke weegschalen passen.

Voeding Voor Honden

De voedingsbehoeften van een hond zijn aanzienlijk anders dan die van een mens. Mensen zijn meer omnivoor dan honden, wat betekent dat ze een breder scala aan voedingsstoffen nodig hebben om gezond te blijven. Honden zijn grotendeels carnivoor, en eiwit is een belangrijke voedingsbehoefte. Ze hebben echter meer nodig dan alleen eiwit om gezond te blijven.

De volgende tabel geeft de primaire voedingsbehoeften voor honden weer.

Voedingsstof	Bronnen	Puppy	Volwassen
Eiwit	Vlees, eieren, sojabonen, maïs, tarwe, pindakaas	22,0% van het dieet	18,0% van het dieet
Vetten	Visolie, lijnzaadolie, koolzaadolie, varkensvet, pluimveevet, saffloerolie, zonnebloemolie, sojaolie	8,0 tot 15,0% van het dieet	5,0 tot 15,0% van het dieet
Calcium	Zuivel, orgaanvlees, vlees, peulvruchten (meestal bonen)	1,0% van dieet	0,6% van dieet
Fosfor	Vlees en supplementen voor huisdieren	0,8% van dieet	0,5% van dieet
Natrium	Vlees, eieren	0,3% van dieet	0,06% van dieet

De volgende voedingsstoffen zijn de overige die honden nodig hebben, allemaal minder dan 1% van het dieet voor puppy's of volwassen honden:

- Arginine
- Histidine
- Isoleucine
- Leucine
- Lysine
- Methionine + cystine
- Fenylalanine + tyrosine
- Threonine
- Tryptofaan
- Valine
- Chloride

Aangezien veel menselijk voedsel conserveringsmiddelen en zout bevat, kun je je hond beter geen menselijk voedsel geven met veel natrium.

Water is ook absoluut essentieel om je hond gezond te houden. Er moet altijd water in de drinkbak van je hond staan, dus maak er een gewoonte van om deze meerdere keren per dag te controleren zodat je hond niet uitdroogt.

Eiwitten En Aminozuren

Als carnivoren is eiwit een van de belangrijkste voedingsstoffen in het dieet van een gezonde hond (hoewel ze niet bijna zo uitsluitend vlees

moeten eten als hun naaste wolvenrelaties; hun dieet en behoeften zijn aanzienlijk veranderd sinds ze metgezellen van mensen werden). Eiwitten bevatten de noodzakelijke aminozuren voor je hond om glucose te produceren, wat essentieel is om je hond energie te geven.

Een gebrek aan eiwit in het dieet van je hond zal ertoe leiden dat hij lusteloos wordt. Zijn vacht kan er dof uit gaan zien en hij zal waarschijnlijk gewicht verliezen. Omgekeerd, als je hond te veel eiwit krijgt, zal het lichaam van je hond het overtollige eiwit opslaan als vet, wat betekent dat hij in gewicht zal toenemen.

Vlees is meestal de beste bron van eiwit, en het wordt aanbevolen omdat de voedingsbehoeften van een hond aanzienlijk verschillen van die van een mens. Het is echter mogelijk dat een hond een vegetarisch dieet heeft, zolang je ervoor zorgt dat je hond de nodige eiwitten via andere bronnen krijgt, en je aanvullende vitamine D in zijn voedsel opneemt. Als je van plan bent om je hond een vegetarisch dieet te geven, overleg dan eerst met je dierenarts. Het is ongelooflijk moeilijk om ervoor te zorgen dat een carnivoor voldoende eiwit krijgt met een vegetarisch dieet, vooral puppy's, dus je zult veel tijd moeten besteden aan onderzoek en gesprekken met voedingsdeskundigen om ervoor te zorgen dat je hond de nodige eiwitten voor zijn behoeften krijgt.

Vet En Vetzuren

De meeste vetten die je hond nodig heeft, komen ook uit vlees, hoewel zaadoliën ook veel van de noodzakelijke gezonde vetten kunnen leveren, waarbij pindakaas een van de meest voorkomende bronnen is. Vetten worden afgebroken tot vetzuren, die je hond nodig heeft voor vetoplosbare vitamines die helpen bij normale celfuncties. Het meest voor de hand liggende voordeel van vetten en vetzuren is te zien aan de vacht van je hond, die er veel gezonder uitziet en aanvoelt wanneer je hond de juiste voedingsstoffen krijgt.

Er zijn een aantal potentiële gezondheidsproblemen als je hond niet voldoende vetten in zijn dagelijkse dieet krijgt.

- Zijn vacht zal er minder gezond uitzien.
- Zijn huid kan droog en jeukerig zijn.
- Zijn immuunsysteem kan verzwakt zijn, waardoor je hond gemakkelijker ziek wordt.
- Hij kan een verhoogd risico op hartaandoeningen hebben.

De belangrijkste zorg als je hond te veel vet krijgt, is dat hij in gewicht zal toenemen en obesitas zal ontwikkelen, wat tot extra gezondheidsproblemen leidt. Voor rassen die aanleg hebben voor hartproblemen, moet

Foto met dank aan Helena Miltiadous

je bijzonder voorzichtig zijn om ervoor te zorgen dat je hond de juiste hoeveelheid vetten in zijn dieet krijgt. Naar schatting heeft 18% van de Shiba Inu hartproblemen.

Koolhydraten En Gekookt Voedsel

Honden leven al duizenden jaren samen met mensen, dus hun voedingsbehoeften zijn net als die van ons geëvolueerd. Ze kunnen voedsel met koolhydraten eten om de energie aan te vullen die normaal gesproken door eiwitten en vetten wordt geleverd. Als je granen (zoals gerst, maïs, rijst en tarwe) kookt voordat je ze aan je hond geeft, zal het voor je hond gemakkelijker zijn om die complexe koolhydraten te verteren. Dit is iets om rekening mee te houden wanneer je beslist welk type voer je je hond geeft: kies voor brokken op basis van vlees in plaats van granen. Hoewel honden granen kunnen verteren, halen ze niet dezelfde voedingswaarde uit graan als uit echt vlees.

Verschillende Voedingsbehoeften Voor Verschillende Levensfasen

Verschillende fasen in het leven van een hond hebben verschillende voedingsbehoeften:

- Puppy's
- Volwassen honden
- Senioren

Puppyvoer

Hondenvoerfabrikanten produceren een compleet ander type voer voor puppy's om een zeer goede reden - hun voedingsbehoeften zijn heel anders dan die van volwassen honden. Gedurende ongeveer de eerste 12 maanden van hun leven groeien hun lichamen. Om gezond te zijn, hebben ze meer calorieën nodig en hebben ze verschillende voedingsbehoeften om die groei te bevorderen.

Voer Voor Volwassen Honden

Het belangrijkste verschil tussen puppyvoer en voer voor volwassen honden is dat puppyvoer meer calorieën en voedingsstoffen bevat die de groei bevorderen. Hondenvoerproducenten verminderen deze voedingsstoffen in voer voor volwassen honden omdat ze niet langer groei hoeven te ondersteunen. Als algemene regel geldt dat wanneer een hond ongeveer 90% van zijn voorspelde volwassen grootte bereikt, je moet overschakelen op voer voor volwassen honden.

De grootte van je hond is belangrijk bij het bepalen hoeveel je hem moet voeren. De volgende tabel is een algemene aanbeveling over hoeveel je je volwassen Shiba Inu per dag moet voeren. In het begin wil je je misschien concentreren op de calorieën terwijl je probeert de juiste balans voor je hond te vinden.

Hondengrootte	Calorieën
5 kg.	420 tijdens warme maanden 630 tijdens koude maanden
10 kg	700 tijdens warme maanden 1.050 tijdens koude maanden

Merk op dat de meeste Shiba Inu het grootste deel van het jaar geen 1.000 calorieën per dag nodig hebben. Dit is niet veel voedsel, dus je moet je goed bewust zijn van hoeveel calorieën je je hond geeft om ervoor te zorgen dat je hond niet te zwaar wordt. Deze schaal is voor het ideale gewichtsbereik van een hond. Als je hond overgewicht heeft of zwaarlijvig is, vraag dan je dierenarts hoeveel je je hond per dag zou moeten voeren.

Houd er ook rekening mee dat deze aanbevelingen per dag zijn, en niet per maaltijd. Of je hem nu één keer per dag of meerdere keren per dag voert, zorg ervoor dat je zorgvuldig afmeet hoeveel voedsel je geeft, zodat je de dagelijkse aanbeveling niet overschrijdt.

Als je van plan bent om natvoer toe te voegen, let dan op de totale calorie-inname en pas aan hoeveel je je hond voert tussen de brokken en het natvoer. Met andere woorden, het totale aantal calorieën in de brokken en het natvoer moet in evenwicht zijn om de behoeften van je hond niet te overschrijden.

Hetzelfde geldt als je je hond in de loop van de dag veel traktaties geeft. Je moet rekening houden met het aantal calorieën in traktaties bij hoeveel je je hond tijdens de maaltijden voert.

Als je van plan bent om je hond zelfgemaakt voedsel te geven, zul je meer moeten leren over voeding, en je zult goed moeten letten op calorieën, en niet op kopmetingen.

Seniorenvoer

Net als oudere mensen zijn seniore honden niet in staat om zo actief te zijn als in hun jongere dagen. Dit is echter slechts een ruwe richtlijn. Als je merkt dat je hond langzamer wordt of ziet dat je hond geen langere wandelingen meer kan maken vanwege gewrichtspijn of een gebrek aan uithoudingsvermogen, is dat een goed teken dat je hond zijn seniorenjaren ingaat. Raadpleeg je dierenarts wanneer je denkt dat het tijd is om het type voedsel dat je je hond geeft te veranderen.

Het belangrijkste verschil tussen voer voor volwassen honden en seniorenvoer is dat seniorenvoer minder vet en meer antioxidanten bevat

Foto met dank aan
Whitney Kono

om gewichtstoename tegen te gaan. Seniore honden hebben ook meer eiwit nodig, wat je hond waarschijnlijk blij zal maken omdat dat meestal meer vlees en vleessmaken betekent. Eiwit helpt om de verouderende spieren van je hond te onderhouden. Hij zou tijdens zijn gouden jaren minder fosfor moeten eten om het risico te vermijden dat je hond hyper-fosfatemie ontwikkelt. Dit is een aandoening waarbij honden overmatige hoeveelheden fosfaat in hun bloedstroom hebben, en oudere honden lopen een groter risico om dit te ontwikkelen.

Seniorenvoer heeft de juiste hoeveelheid calorieën voor de verminderde activiteit, dus je hoeft niet aan te passen hoeveel voedsel je je hond geeft, tenzij je merkt dat hij in gewicht toeneemt. Raadpleeg je dierenarts voordat je de hoeveelheid voedsel aanpast of als je merkt dat je hond in gewicht toeneemt. Dit kan een teken zijn van een ouderdomskwaal bij honden.

Maaltijdopties Voor Je Hond

Je hebt drie primaire keuzes voor wat je je hond kunt voeren, of je kunt een combinatie van de drie gebruiken, afhankelijk van je situatie en de specifieke behoeften van je hond:

- Commercieel voer

*Foto met dank aan
Pervie Villareal*

- Rauw dieet
- Zelfgemaakt dieet

Commercieel Voer

Zorg ervoor dat je het beste hondenvoer koopt dat je je kunt veroorloven. Neem de tijd om elk van je opties te onderzoeken, vooral de voedingswaarde van het voedsel, en maak dit een jaarlijkse taak. Je wilt ervoor zorgen dat het voedsel dat je je hond geeft kwaliteitsvoedsel is. Houd altijd rekening met de grootte, energieniveaus en leeftijd van je hond. Je puppy heeft misschien niet zo lang puppyvoer nodig als andere rassen en hondenvoer voor senioren is misschien niet de beste optie voor je eigen seniore Shiba Inu.

Barkspace biedt verschillende goede artikelen over welke commerciële hondenvoeders goed zijn voor Shiba Inu. Aangezien er regelmatig nieuwe voeders op de markt komen, kijk af en toe of er nieuwere, betere voeders beschikbaar zijn. Aangezien je voorzichtig moet zijn met het gewicht van je Shiba Inu, is het de moeite waard om te controleren of je hem het beste beschikbare voedsel geeft.

Als je niet zeker weet welk merk voer het beste is, praat dan met de fokker over welke voeders zij aanbevelen. Je kunt je dierenarts vragen, hoewel de kans groot is dat de meesten van hen niet met veel Shiba Inu hebben gewerkt en nog geen mening hebben gevormd. Fokkers zijn hier echt de beste gidsen voor jou, omdat zij experts zijn in het ras.

Sommige honden kunnen kieskeurig zijn, en ze kunnen zeker moe worden van steeds weer hetzelfde voedsel krijgen. Net zoals jij je maaltijden afwisselt, kun je veranderen wat je Shiba Inu eet. Hoewel je niet vaak het merk voer moet veranderen, kun je voer krijgen met verschillende smaken. Je kunt de smaak ook veranderen door een beetje natvoer (blikvoer) toe te voegen. Dit is een gemakkelijke verandering om te maken, waarbij je je hond bij elke maaltijd een ander blikvoer geeft (meestal slechts ongeveer 1/4 tot 1/3 van het blik voor een maaltijd, afhankelijk van de grootte van je hond).

Voor meer details over commerciële opties, bekijk Dog Food Advisor. Ze geven recensies over de verschillende merken, en geven ook informatie over terugroepacties en besmettingsproblemen.

Commercieel Droogvoer

Droog hondenvoer komt vaak in zakken, en het is wat de overgrote meerderheid van de mensen hun honden voert. Gezien hun formaat heb je geen grote zakken hondenvoer nodig, tenzij je het voor een zeer lange tijd niet wilt aanschaffen.

Voordelen van droogvoer:

- Gemak
- Variëteit
- Beschikbaarheid
- Betaalbaarheid
- Fabrikanten volgen voedingsaanbevelingen (niet allemaal volgen dit, dus doe je merkonderzoek voordat je koopt)
- Speciaal geformuleerd voor verschillende levensfasen van honden
- Kan worden gebruikt voor training
- Gemakkelijk op te slaan

Nadelen van droogvoer:

- Vereist onderzoek om ervoor te zorgen dat je geen hondenjunkfood koopt
- Verpakking is niet altijd eerlijk
- Terugroepacties voor voedselbesmetting
- Voer van lage kwaliteit kan twijfelachtige ingrediënten hebben

Het gemak en de lage kosten betekenen dat je vrijwel zeker brokken voor je hond gaat kopen. Dit is prima, en de meeste honden zullen meer dan blij zijn om brokken te eten. Weet alleen welk merk je momenteel je hond voert, en let op terugroepacties van brokken om ervoor te zorgen dat je stopt met het voeren van je hond met dat specifieke voer indien nodig.

Commercieel Natvoer

De meeste honden geven de voorkeur aan nat hondenvoer boven brokken, maar het is ook duurder. Nat hondenvoer kan worden gekocht in grotere verpakkingen die zeer gemakkelijk op te slaan zijn.

Voordelen van natvoer:

- Helpt honden gehydrateerd te houden
- Heeft een rijkere geur en smaak
- Gemakkelijker te eten voor honden met tandproblemen (vooral die tanden missen) of als een hond ziek is geweest
- Handig en gemakkelijk te serveren
- Ongeopend kan het tussen de 1 en 3 jaar duren

- Uitgebalanceerd op basis van huidige aanbevelingen voor dierenvoeding

Nadelen van natvoer:

- Hondenkommen moeten na elke maaltijd worden gewassen
- Kan ontlasting zachter maken
- Kan rommeliger zijn dan brokken
- Eenmaal geopend heeft het een zeer korte houdbaarheid en moet het worden afgedekt en gekoeld
- Duurder dan droog hondenvoer en komt in kleine hoeveelheden
- Verpakking is niet altijd eerlijk
- Terugroepacties voor voedselbesmetting

Net als droog hondenvoer is nat hondenvoer gemakkelijk, en kieskeurige honden zullen het veel eerder eten dan brokken. Wanneer je hond ziek wordt, is het het beste om nat hondenvoer te gebruiken om ervoor te zorgen dat hij eet, zodat hij de nodige voeding krijgt die hij elke dag nodig heeft. Het kan een beetje moeilijker zijn om terug te schakelen naar brokken als hij weer gezond is, maar je kunt altijd een beetje natvoer blijven toevoegen om elke maaltijd smakelijker te maken voor je hond.

Rauw Dieet

"Ik voer mijn Shiba's een rauw dieet, zoals ik voor elke hond zou doen. Ik denk dat ze het goed doen en langer leven als ze rauw, geschikt voedsel krijgen. Maar ik weet ook dat veel mensen droogvoer aan hun Shiba's geven, en zij leven ook lange gezonde levens."

CJ Strehle
JADE Shiba Inu

Voor honden zoals de Shiba Inu die voedselallergieën hebben, kunnen rauwe diëten helpen om te voorkomen dat je hond een allergische reactie krijgt op tarwe en bewerkte voedingsmiddelen. Rauwe diëten bevatten veel rauw vlees, botten, groenten en specifieke supplementen. Enkele van de voordelen van een rauw dieet zijn:

- Verbetert de vacht en huid van je hond
- Verbetert het immuunsysteem
- Verbetert de gezondheid (als gevolg van betere spijsvertering)

- Verhoogt energie
- Verhoogt spiermassa

Rauwe diëten zijn bedoeld om je hond het soort voedsel te geven dat hij at voordat hij gedomesticeerd werd. Het betekent dat je je hond ongekookt vlees, hele (ongekookte) botten en een beetje zuivel geeft. Het bevat geen enkel bewerkt voedsel van welke aard dan ook - zelfs geen voedsel dat in je keuken is gekookt.

Er zijn potentiële risico's aan dit dieet. Honden zijn al duizenden jaren gedomesticeerd, en hun spijsverteringssysteem is mee geëvolueerd. Proberen hen terug te dwingen naar het soort dieet dat ze vroeger aten, werkt niet altijd zoals bedoeld omdat ze het misschien niet meer volledig kunnen verteren. Er zijn ook veel risico's verbonden aan het voeren van honden met ongekookte maaltijden, vooral als het voedsel besmet is geweest. Dingen zoals bacteriën vormen een ernstig risico en kunnen op jou worden overgedragen als je hond ziek wordt. Veel medische professionals waarschuwen ook voor de gevaren van het geven van botten aan honden, zelfs als ze ongekookt zijn. Botten kunnen splinteren in de mond van je hond, waardoor de slokdarm of maag doorboord kan worden.

Het Canine Journal biedt veel informatie over het rauwe dieet, inclusief hoe je je huidige hond kunt laten overschakelen naar dit dieet en verschillende recepten voor je hond.

Zelfgemaakt Dieet

Als je regelmatig je eigen eten maakt (vanaf nul, niet met een magnetron of kant-en-klaarmaaltijd), kost het niet veel meer tijd om een even gezonde maaltijd voor je metgezel te bereiden.

Lees hoofdstuk 4 door om er zeker van te zijn dat je je Shiba Inu nooit voedsel geeft dat schadelijk of dodelijk voor hem kan zijn. Houd rekening met de voedingsmiddelen die je Shiba Inu absoluut niet mag eten. Je kunt een deel van het voedsel dat je voor jezelf maakt, mengen door de maaltijd van je Shiba Inu. Zorg er wel voor dat je wat meer van wat je Shiba Inu nodig heeft aan de voerbak van de pup toevoegt. Hoewel jij en je Shiba Inu duidelijk verschillende voedingsbehoeften hebben, kun je je voedsel aanpassen om voedingsstoffen op te nemen die je hond nodig heeft.

Voer je Shiba Inu niet vanaf je bord. Verdeel het voedsel en plaats de maaltijd van je hond in een kom, zodat je viervoeter begrijpt dat jouw eten alleen voor jou is. De beste zelfgemaakte maaltijden moeten van tevoren worden gepland, zodat je Shiba Inu de juiste voedingsbalans krijgt.

Meestal moet 50% van het voedsel van je hond dierlijk eiwit zijn (vis, gevogelte en orgaanvlees). Ongeveer 25% moet vol zitten met complexe koolhydraten. De resterende 25% moet bestaan uit fruit en groenten, vooral voedingsmiddelen zoals pompoen, appels, bananen en sperziebonen. Deze geven extra smaak die je Shiba Inu waarschijnlijk zal waarderen, terwijl hij zich sneller vol voelt, zodat de kans op overeten wordt verminderd.

Maaltijden Plannen

Werkhonden verwachten een schema - en ze verwachten dat voedsel ook volgens een vast schema wordt aangeboden, ongeacht wat er verder van het schema afwijkt. Je Shiba Inu is misschien onafhankelijk, maar hij zal waarschijnlijk verwachten dat je je aan een schema houdt, en dat geldt zeker voor de maaltijden. Dit is een ras dat er geen probleem mee zal hebben om je te laten weten dat je laat bent met het voer. Als traktaties en snacks iets zijn dat je vroeg als normaal vaststelt, zal je hond geloven dat traktaties ook een deel van de routine zijn en zal hij ze verwachten.

Voedselallergieën En -intoleranties

"Als ze beginnen op hun poten te bijten of diarree hebben, kan dat betekenen dat ze een voedselallergie kunnen hebben."

Jan Hill
Dark Knight Shibas

Wanneer je hond begint met een nieuw type hondenvoer (zelfs als het hetzelfde merk is waaraan je hond gewend is, maar een andere smaak), moet je hem in de gaten houden terwijl hij eraan went. Shiba Inu zijn vatbaar voor verschillende soorten allergieën, waaronder voedselallergieën. Wanneer je het dieet van je hond verandert, moet je letten op aanwijzingen dat je pup een allergische reactie heeft.

Voedselallergieën bij honden manifesteren zich vaak als hotspots, die vergelijkbaar zijn met uitslag bij mensen. Je hond kan beginnen met krabben of kauwen op specifieke plekken op zijn lichaam. Zijn vacht kan rond die plekken beginnen uit te vallen.

Sommige honden hebben niet één hotspot, maar de allergie verschijnt op hun hele vacht. Als je Shiba Inu meer vacht lijkt te verliezen dan normaal, breng je hond dan naar de dierenarts om hem te laten controleren op voedselallergieën.

Shiba Inu hebben meestal geen gevoelige magen, maar af en toe heeft een arme pup wel wat spijsverteringsproblemen. Vasthouden aan een graanvrij dieet kan helpen ervoor te zorgen dat je Shiba Inu de juiste voeding krijgt zonder te lijden aan voedselintolerantie. Als je je hond iets geeft dat zijn maag niet kan verdragen, zal het waarschijnlijk duidelijk zijn wanneer hij zijn ontlasting niet kan ophouden. Als hij al zindelijk is, zal hij waarschijnlijk naar je hijgen of jammeren om je te laten weten dat hij naar buiten moet. Breng hem zo snel mogelijk naar buiten, zodat hij geen ongelukje krijgt. Afhankelijk van de hond kan flatulentie een aanwijzing zijn voor een voedselintolerantie.

Aangezien de symptomen van voedselallergieën en -intoleranties vergelijkbaar kunnen zijn met de reactie van een hond op voedingstekorten (vooral een gebrek aan vetten in het dieet van een hond), moet je je dierenarts bezoeken als je problemen opmerkt met de vacht of huid van je hond.

HOOFDSTUK 14
Actief of Luierend – Jouw Keuze

Foto met dank aan
Diane Leighton

Hoewel Shiba Inu zeer onafhankelijke honden zijn, zijn ze ook flexibel. Voor mensen die liever thuis blijven, kunnen ze zich prima aanpassen en lekker luieren. Voor gezinnen die graag naar buiten gaan en actief zijn, kunnen Shiba Inu net zo energiek zijn als tieners. Hun onafhankelijkheid betekent niet dat ze niet bij het gezin willen zijn, het betekent alleen dat ze niet aan je zullen kleven. Ze zijn dol op het samenzijn met hun mensen en roedel, en ze willen zeker meedoen aan alle leuke dingen die je onderneemt.

Je moet ervoor zorgen dat je Shiba Inu dagelijks minstens een wandeling van 45 minuten tot een uur krijgt (en minstens één kortere wandeling). Ze kunnen ook moe worden door intensievere training. Natuurlijk hebben verschillende leeftijdsgroepen verschillende bewegingsbehoeften: pups (Hoofdstuk 9) en oudere honden (Hoofdstuk 18) hebben niet het uithoudingsvermogen voor zulke lange wandelingen.

Gezien zijn intelligentie en het risico op verveling, wil je je Shiba Inu ofwel gelukkig bezig houden ofwel moe maken. Dit kan een unieke uitdaging zijn, aangezien je hond niet altijd zin heeft om te doen wat jij wilt doen. Hoewel Shiba Inu zeer individualistisch kunnen zijn, spelen ze meestal graag met hun mensen. Hoe meer opties je je Shiba Inu geeft, hoe gemakkelijker het zal zijn om je viervoeter uit de problemen te houden. Op dagen waarop het weer het moeilijk maakt om buiten te bewegen, kun je terugvallen op training of andere leuke activiteiten binnenshuis om wat van die energie kwijt te raken.

Beweging – De Activiteitsbehoefte

"Als ze jong zijn, hebben Shiba-puppy's veel rust en stille momenten nodig. Ze zijn geen grote bewegers tot ze 4-5 maanden oud zijn. Eenmaal oud genoeg, doen ze vaak wat we de 'Shiba 500' noemen... rondrennen door de tuin of het huis om energie kwijt te raken. Volwassen Shiba's hebben 2-3 keer per week een lange wandeling nodig, of dagelijks tijd om rond te rennen in de tuin om hun geest helder en niet destructief te houden."

CJ Strehle
JADE Shiba Inu

Een Shiba Inu in huis halen betekent dat je instemt met dagelijkse beweging, zelfs als hij nog een puppy is. Honden willen niet ondeugend zijn, maar als ze zich vervelen, is kattenkwaad onvermijdelijk. Gelukkig maakt hun formaat het vrij eenvoudig om ze voldoende beweging te geven. Daardoor is de kans klein dat je meubels of andere spullen aan flarden worden gescheurd wanneer je je hond uiteindelijk alleen thuis laat. Aangezien gewichtsproblemen direct verband houden met een gebrek aan beweging, kan gewichtstoename een teken zijn dat je hond niet genoeg beweegt. Gelukkig is dat gemakkelijk te corrigeren; je hebt veel mogelijkheden om ervoor te zorgen dat je hond voldoende lichaamsbeweging krijgt – het is veel eenvoudiger (en gezonder voor je vriend) om meer met je hond te doen dan alleen calorieën te tellen. Je kunt het uithoudingsvermogen van een Shiba Inu zelfs opbouwen tot het punt waarop hij dagelijks enkele kilometers kan joggen, en je hond zal ervan genieten.

Een Breed Activiteitenbereik

Hun uiterlijk en nieuwsgierige persoonlijkheid maakt Shiba Inu een populair ras. Veruit de populairste activiteit met dit ras is wandelen omdat ze graag nieuwe plekken verkennen. Hoe meer verschillende activiteiten je met je hond doet, hoe gelukkiger jullie beiden zullen zijn.

Wandelen

De meeste Shiba Inu genieten er enorm van om eropuit te gaan en nieuwe gebieden te verkennen. Ondanks hun kleine gestalte kunnen Shiba Inu tot 16 kilometer op een dag wandelen. Ze zullen maar al te graag met je meegaan op deze wandelingen, dus het zal geen strijd zijn om ze ervan te overtuigen dat het leuk zal worden. Na een uitstapje in de buitenlucht zal je Shiba Inu meer dan tevreden zijn om zich de rest van de dag op te krullen en te luieren.

Neem voor wandelingen een drinkbak en EHBO-kit mee. Zorg ervoor dat je Shiba Inu up-to-date is met vlooien- en tekenbehandelingen. Hij heeft een paar maanden behandelingen nodig voordat je op buitenexcursies gaat. Controleer ook of honden zijn toegestaan in de gebieden die je wilt verkennen. Neem een kaart mee zodat je niet verdwaalt – je Shiba Inu zal overal willen rondsnuffelen. Zorg ervoor dat je Shiba Inu aan de lijn blijft terwijl je verkent. De prooidrift zal op zijn sterkst zijn tijdens een wandeling, dus je moet je hond aangelijnd houden om hem veilig te houden.

Foto met dank aan Gabe & Natty Hynes

Joggen

"Rennen en joggen zijn geweldige oefeningen waar een Shiba van zal gedijen. Of in ieder geval een lange stevige wandeling met actieve, interactieve speeltijd."

Jeffrey Kellen
JAK Kennel

Ondanks hun formaat zijn Shiba Inu fantastische joggingpartners, en ze kunnen veel verder gaan dan de meeste andere kleine en middelgrote honden. Op dagen dat je moet werken, is een ochtendjogging de perfecte manier om ervoor te zorgen dat je Shiba Inu te moe is om zich te vervelen terwijl jij weg bent.

Je moet langzaam beginnen na overleg met je dierenarts over het meenemen van je hond voor een joggingsessie. Het wordt aanbevolen om te joggen op aarde of zachte ondergrond omdat beton en asfalt veel harder zijn voor de gewrichten. Als je toch op hardere oppervlakken moet joggen, geef de pootjes van je hond dan wat tijd om te wennen aan het oppervlak. Je kunt speciale lotions overwegen om na het joggen op harde oppervlakken te gebruiken op die schattige kleine kussentjes.

Plan om minstens een paar keer ongeveer 10 minuten te joggen. Het is geen natuurlijke actie om aan een lijn te joggen, dus je hond zal er eerst aan moeten wennen, vooral om niet in de lijn te bijten, aangezien deze waarschijnlijk je hond zal raken tijdens het joggen. Wissel tijdens die 10 minuten af tussen een minuut joggen en een minuut wandelen. Dit helpt je hond te begrijpen wat je probeert te doen. Na verloop van tijd kun je meer gaan joggen dan wandelen. Zodra je een volledige kilometer kunt joggen zonder te wandelen, kun je wat verder gaan tot je een paar kilometer bereikt.

Wees zeer voorzichtig met joggen als het warm wordt, en jog niet als het heet is. Shiba Inu hebben een dubbele vacht, waardoor ze veel sneller opwarmen dan jij. Ze zweten door te hijgen, zoals alle honden doen, en dat is niet zo efficiënt met een dikke vacht. Als je jogt wanneer het warm is, neem dan water mee voor je Shiba Inu en laat je hond minstens elke kilometer drinken.

Je hebt een zeer stevige lijn of halster nodig om met je Shiba Inu te joggen, aangezien hij achter alle kleine dieren aan zal gaan die hij ziet. Je wilt niet dat hij je schouder ontwricht, de lijn breekt of zichzelf pijn doet als hij plotseling achter kleine dieren aan wil gaan.

Word niet boos als je hond wil stoppen om te snuffelen. Dat is voor hem net zo spannend als het joggen zelf. Als je zonder onderbrekingen wilt joggen, wil je misschien niet met je Shiba Inu joggen, tenminste niet in het begin.

Kajakken En Paddleboarden

Er zijn niet veel honden die dit kunnen, maar de Shiba Inu is de perfecte hond om mee het water op te gaan en gewoon van de tocht te genieten. Hij zal hier net zoveel van genieten als jij, en zijn opwinding over iets zo bijzonders zal je zeker een geweldig gevoel geven. Shiba Inu staan niet bekend als bijzonder bekwame zwemmers, maar ze zullen perfect tevreden zijn om in de kajak of op het paddleboard te zitten terwijl jij al het werk doet.

Je hebt een zwemvest nodig voor je Shiba Inu, zelfs als je op stil water gaat varen. Aangezien de meeste kajak- en paddleboardtochten op veel woeliger water worden gedaan, moet je ervoor zorgen dat je kleine vriend veilig is. Het is ook mogelijk dat je omslaat, dus je wilt ervoor zorgen dat je Shiba Inu boven water blijft terwijl jij worstelt om het vaartuig weer rechtop te krijgen.

Je kunt hiervoor oefenen door je hond de kajak of het paddleboard thuis te laten verkennen. Zet het in de tuin of op de oprit en laat hem eraan snuffelen. Zorg ervoor dat je hond niet op het vaartuig plast. Je pup kan ook te bang zijn om in het vaartuig te stappen. Stel hem gerust met positieve woorden en toon terwijl je hem draagt en in of op het vaartuig stapt. Laat je hond hieraan wennen terwijl je op het land bent, zodat het niet te overweldigend is wanneer je het water bereikt.

Wees erop voorbereid dat de eerste paar keren ongelooflijk spannend zullen zijn, dus je hond zal waarschijnlijk niet stil blijven zitten. Dit betekent dat je naar een plek met rustig water moet gaan, zodat je hond kan wennen aan het gevoel.

Behendigheid

Beter bekend als hindernisbanen, is behendigheid een geweldige manier om je volwassen hond in beweging en gelukkig te houden. Je begeleidt je hond door het parcours, wat niet alleen jullie band versterkt, maar hem ook helpt zich meer op zijn gemak te voelen buitenshuis – of in elk geval te leren dat hij niet iedereen in zijn omgeving hoeft te domineren. Aangezien jij degene bent die de controle heeft, en je hond in het begin waarschijnlijk verward zal zijn, wees erop voorbereid dat je er in

Foto met dank aan Helena Miltiadous

het begin een beetje gek uit zult zien. Het doel is om plezier te hebben en je hond betrokken te houden, dus zijn aandacht krijgen en vasthouden is de sleutel tot succes.

Twee tot drie uur toegewijde tijd per week wordt aanbevolen, waarvan één uur naar een wekelijkse les gaat. Hoe meer je thuis kunt trainen, hoe beter je hond het zal doen in deze sport.

Speeltijd! En Nog Meer Speeltijd!

"Achter een bal of speeltje aan rennen is een goede manier om die energie kwijt te raken, waarbij je ervoor zorgt dat de ondergrond goed is (d.w.z. gras of grind, niet glad). Elke dag op dezelfde tijd spelen is een goede manier om een routine te creëren. Oefen het 'terugkomen' door tijdens het spelen een beloning te gebruiken, maar stop niet met spelen. Op die manier zal je puppy het geroepen worden niet associëren met het einde van het plezier."

Susan Norris-Jones
SunJo Shiba Inu & Japanese Chin

Alleen omdat er slecht weer is, betekent niet dat het energieniveau van je hond lager zal zijn, of dat verveling niet zal toeslaan. Je moet dus plannen om het bewegingsschema van je hond consistent te houden, zelfs wanneer je vastzit in huis. Natuurlijk, als je je hond in de sneeuw kunt laten spelen in een achtertuin, is dat fantastisch omdat hij zichzelf kan uitputten in zijn opwinding. Tijdens regen en hitte moet je de juiste activiteiten vinden om je hond moe te maken zonder langdurig naar buiten te gaan. Hier zijn enkele alternatieven om de energie van je Shiba Inu kwijt te raken.

1. Laat je Shiba Inu achter een laserpointer aan jagen. Dit werkt voor sommige Shiba Inu, maar niet voor allemaal. Als je hond geïnteresseerd lijkt, kan dit hem gelukkig bezig houden zolang jij wilt spelen of totdat hij er genoeg van heeft.

Foto met dank aan
Buck Motzko

2. Verstoppertje is een spel dat je kunt spelen zodra je hond weet hoe hij zich in huis moet gedragen, of je hem nu jou laat zoeken of een favoriet speeltje dat je hebt verstopt.

3. Puzzelspeelgoed is een geweldige manier om je hond te laten bewegen zonder dat je zelf veel hoeft te doen. Veel van de spelletjes bevatten beloningen, en zoals je van een Shiba Inu kunt verwachten, zal het niet lang duren voordat je hond doorheeft hoe hij het voer uit het speeltje krijgt. Zorg er dus voor dat je verschillende puzzels afwisselt tijdens het spelen. Gebruik dit soort speelgoed met mate om te voorkomen dat er te veel extra calorieën bijkomen.

4. Shiba Inu spelen graag met verschillende soorten ballen, van rubberen ballen tot voetballen. Heb een andere set bij de hand speciaal voor jou en je hond om welk spel dan ook te spelen waar je Shiba Inu zin in heeft. Als hij apporteren wil spelen, gebruik dan een kleine bal. Als hij met iets groters wil spelen, pas je aan. Laat je Shiba Inu beslissen waar hij zin in heeft, dan kunnen jullie beiden plezier hebben.

HOOFDSTUK 15
Vachtverzorging – Productieve Binding

"Shiba's verharen een paar keer per jaar, dus moeten ze vaak geborsteld worden om haren van je meubels en kleding te houden. Hun vacht hoeft niet geknipt te worden, aangezien deze kort en pluizig is, maar niet klit of in de war raakt. Hun correcte harde buitenvacht stoot vuil en regen af, en de ondervacht houdt hen warm in de kou, zodat ze zonder jas of trui naar buiten kunnen voor een wandeling of om in de tuin rond te rennen."

CJ Strehle
JADE Shiba Inu

Die opvallende dubbele vacht vereist zeker meer werk dan de vachtverzorging van veel kleine tot middelgrote honden, maar Shiba Inu's zijn ook uitstekende zelfverzorgers, net als katten. Sommige kunnen het je kwalijk nemen dat je vindt dat je ze moet schoonmaken, alsof je kritiek hebt op hun vaardigheden. Desondanks zul je hun vacht tijdens bepaalde periodes van het jaar moeten knippen, en hebben ze af en toe een bad nodig.

Als je al begint met regelmatige verzorgingssessies wanneer je Shiba Inu nog een pup is, wordt het later een veel gemakkelijkere taak. Omdat ze allergieën hebben, komen vachtproblemen vaak voor bij Shiba Inu's. Regelmatige vachtverzorging helpt je om potentiële problemen vroeg te ontdekken.

Gezien hun populariteit kun je online veel extra advies vinden. Dit hoofdstuk biedt een basis om ervoor te zorgen dat de vacht van je Shiba Inu schoon en gezond is, maar voel je vrij om naar aanvullende manieren te zoeken om de vacht echt te laten glanzen als je tijd hebt voor extra verzorging.

Verzorgingsbenodigdheden

Je hebt niet veel benodigdheden nodig om je Shiba Inu goed te verzorgen. Zorg dat je de volgende spullen bij de hand hebt voordat je puppy of volwassen hond arriveert:

*Foto met dank aan
Pervie Villareal*

- Een borstel met haren of pinnen voor zijn vacht
- Ondervachtborstel of ondervachtkam (dit is optioneel, maar kan helpen om verharen te verminderen)
- Shampoo (kijk op Barkspace voor de nieuwste aanbevelingen voor een ras met mogelijke huidaandoeningen) – gebruik milde shampoos
- Nagelknippers
- Tandenborstel en tandpasta (kijk bij de Raad van Beheer voor de nieuwste aanbevelingen)

Vachtbeheer

Hoewel wekelijks borstelen sterk wordt aanbevolen om het verharen te beperken, zal het geen grote klus zijn als je al met de verzorging begint wanneer je puppy jong is. Dit is fantastisch, gezien hoeveel tijd je zult besteden aan andere taken, vooral beweging en training. Tijdens de verharingsperiodes wil je zijn vacht wat vaker borstelen om te helpen verminderen hoeveel haar er door je huis waait.

Puppy's

Als ze puppy's zijn, zijn de vachten van Shiba Inu's vrij gemakkelijk te verzorgen. Dagelijks borstelen kan niet alleen verminderen hoeveel je puppy verhaart, maar het helpt je ook een band op te bouwen met de

puppy. Ja, het zal in het begin een beetje uitdagend zijn omdat puppy's niet lang stil blijven zitten. Er zal veel gewiebel zijn en pogingen tot spelen. Proberen je puppy te vertellen dat de borstel geen speelgoed is, zal duidelijk niet werken, dus wees voorbereid om geduldig te zijn tijdens elke borstelsessie.

Aan de andere kant zal je pup zo schattig zijn dat je het waarschijnlijk niet erg vindt dat het wat langer duurt. En dit is een van de weinige momenten waarop je pup op schoot laten zitten je benen níét doet slapen. (Waarschijnlijk probeert hij het nog steeds als hij ouder is – dus geniet ervan zolang het kan.) Zorg er wel voor dat je je pup laat weten dat dit een serieuze bezigheid is en dat spelen na het verzorgen komt. Anders zal je Shiba Inu altijd proberen te spelen, wat het borstelen veel tijdrovender maakt – mogelijk op het randje van onmogelijk gezien hoe groot hij zal zijn als hij 24 maanden oud is. Plan om je puppy te borstelen na een stevige bewegingssessie zodat je Shiba Inu veel minder energie heeft om te vechten of te spelen.

Je moet je puppy ook laten wennen aan het drogen van zijn vacht. Met zo'n dikke vacht moet je ervoor zorgen dat er niet te veel overtollig water in de tweede vachtlaag blijft zitten. Moedig je puppy aan om na het bad te schudden en droog hem vervolgens af met een handdoek. Blijf je puppy prijzen terwijl je dit doet, en sta een paar extra schudsessies toe om water naar de oppervlakte te brengen. Als je tijd hebt en een föhn wilt gebruiken, kun je dat doen op de lage tot middelmatige warmtestand, maar pas op dat je geen enkel deel van de vacht te veel droogt.

Volwassen Honden

"Een correcte vacht is zeer waterafstotend, maar als ze toch nat worden tot op de huid, is het belangrijk om ze goed te drogen om schimmel/ hotspots te voorkomen. Gebruik geen jassen, aangezien deze warmte en vocht vasthouden. Shiba's hebben geen kunstmatige bescherming tegen het weer nodig - ze zijn ontwikkeld als geharde buitenjagers."

Susan Norris-Jones
SunJo Shiba Inu & Japanese Chin

Wekelijks borstelen wordt aanbevolen vanwege de hoeveelheid die Shiba Inu's verharen; ze hebben twee vachtlagen, dus ze verharen tijdens de lente en herfst wanneer het weer verandert. Als je je puppy goed traint hoe hij zich moet gedragen, zal het borstelen gemakkelijk zijn wanneer hij volwassen is.

Als je een volwassen hond hebt geadopteerd, kan het even duren voordat de hond gewend raakt aan regelmatig geborsteld worden. Als je je hond in het begin niet comfortabel kunt laten voelen met het borstelen, kun je het in je schema opnemen, net als training.

Oudere Honden

Net als bij bewegingssessies moet de vachtverzorging vaker plaatsvinden gedurende kortere periodes. Elke 2 of 3 dagen borstelen en telkens een ander deel van het lichaam aanpakken, helpt om de vacht van je hond goed verzorgd te houden zonder dat hij lange tijd moet staan. Gebruik een zachtere borstel met plastic pinnetjes aan het uiteinde van de haren, omdat deze zachter zijn voor de huid van je hond.

Verzorgingssessies zijn een goede manier om problemen te controleren terwijl je je oudere viervoeter een fijne massage geeft om eventuele pijn te verlichten, en het is ook een geweldige manier om samen tijd door te brengen. Terwijl je je hond borstelt, let je op veranderingen in de huid, zoals bulten of vetbultjes. Deze moeten misschien tijdens een regulier bezoek aan de dierenarts worden genoemd als ze erg groot zijn.

Allergieën

Merk je dat je Shiba Inu hotspots heeft of dat zijn vacht dunner wordt tijdens het verzorgen? Let dan op deze andere signalen, want ze kunnen duiden op allergieën:

- Wonden genezen langzamer
- Haaruitval
- Zwak immuunsysteem
- Oorontstekingen
- Pijnlijke gewrichten

Door regelmatig te borstelen ben je je meer bewust van de toestand van de vacht van je Shiba Inu, wat je kan helpen om sneller te identificeren wanneer je hond last heeft van allergieën. Als je deze problemen opmerkt, breng je Shiba Inu dan naar de dierenarts.

Badtijd

"Baad niet te vaak – de huid van Shiba's is niet vettig en kan uitdrogen."

Susan Norris-Jones
SunJo Shiba Inu & Japanese Chin

Gezien de grootte van Shiba Inu's en hun korte vacht, zou een bad om de drie maanden meer dan genoeg moeten zijn om je viervoeter schoon te houden, vooral als je hem wekelijks borstelt. Stel je badschema in op ongeveer eens per kwartaal (vier keer per jaar), en je hond zou tevreden moeten zijn. Natuurlijk, als je Shiba Inu vies wordt (wat kan gebeuren wanneer je gaat verkennen of wandelen), dan moet je de tijd nemen om je hond na elk van deze gebeurtenissen te baden. Zorg ervoor dat het water niet koud of heet is, maar aangenaam warm.

1. Verzamel alles wat je nodig hebt op één plek voordat je begint, en controleer of je alles hebt voordat je je Shiba Inu haalt. Je hebt minimaal het volgende nodig:

    a. Shampoo en conditioners

Foto met dank aan
Instagram@nova.inu

    b. Beker om water te gieten (als je in een bad wast)

    c. Handdoeken

    d. Borstels voor na het droogproces

    e. Antislipmat als je een bad gebruikt

Als je je hond buiten baadt, heb je emmers en andere spullen nodig.

2. Neem je Shiba Inu mee voor een wandeling. Dit zal je hond zowel vermoeien als een beetje warmer maken, waardoor het bad minder gehaat wordt – misschien zelfs gewaardeerd.

3. Laat het water lopen en zorg ervoor dat de temperatuur lauwwarm is, maar niet heet, vooral als je net een wandeling hebt gemaakt. Als je in een badkuip wast, heb je slechts genoeg water nodig om tot aan de buik van je viervoeter te komen. Bedek het lichaam van je hond niet volledig.

4. Til je hond op en spreek met een stevige, zelfverzekerde stem. Gebruik geen babytaal – je Shiba Inu heeft behoefte aan een duidelijke leider, niet aan iemand die hem als een baby behandelt.

5. Plaats de hond in de kuip en gebruik de beker om de hond te wassen. Gebruik niet te veel zeep – dat is niet nodig.

6. Praat tegen je hond terwijl je hem baadt, en houd in gedachten dat je met zelfvertrouwen moet praten, niet met een hoge toon.

7. Zorg ervoor dat je geen water in de ogen of oren van je hond krijgt. Je hoeft geen water op de bovenkant van het hoofd van je hond te krijgen. Gebruik een natte hand en wrijf voorzichtig, giet geen water over het hoofd van je hond.

8. Haal je Shiba Inu eruit en droog hem af met een handdoek. Je zult hier behoorlijk wat tijd voor moeten nemen vanwege de dubbele vacht.

9. Borstel je hond als je klaar bent.

Je kunt deze praktijken ook toepassen bij andere manieren van baden, zoals buiten of in een openbare wasruimte, door ze aan te passen aan de middelen die je tot je beschikking hebt.

Let de eerste paar keer dat je je hond baadt op de dingen die je hond storen of bang maken. Als hij bang is voor stromend water, zorg er dan voor dat het water niet loopt wanneer je hond in de kuip zit. Als hij veel beweegt wanneer je de shampoo begint aan te brengen, kan dit erop wijzen dat de geur te sterk is. Je moet het proces aanpassen om het zo comfortabel mogelijk te maken voor je hond.

Houd in gedachten dat je geduldig en kalm moet blijven tijdens het bad. Als je boos wordt of je frustratie op je hond afreageert, zal het alle toekomstige baden veel moeilijker maken omdat je hond je minder zal gaan vertrouwen. Dit is geen strijd om dominantie, het is een eerlijk gebrek aan begrip waarom je je hond martelt terwijl hij al zoveel doet om zichzelf schoon te houden. Houd een kalme, liefdevolle toon aan terwijl je je hond wast om het de volgende keer wat gemakkelijker te maken. Natuurlijk kan je Shiba Inu gillen, een driftbui krijgen of overmatig wiebelen, maar hoe beter jij ermee omgaat, hoe meer de hond zal leren dat het gewoon een onderdeel is van het leven in de roedel.

Ogen En Oren Schoonmaken

Wanneer je je Shiba Inu baadt, pas dan op dat er geen water in zijn oren komt. Je zou er ook een gewoonte van moeten maken om zijn oren eens per week te controleren om er zeker van te zijn dat ze gezond zijn. Hij kan allergieën hebben waardoor de binnenkant van zijn oren rood ziet. Een warm, vochtig doekje kan worden gebruikt op het oppervlakkige deel van het oor. Als de roodheid na een dag niet beter lijkt, maak dan een afspraak om de dierenarts te bezoeken. Als je wasophoping ziet, kun je die heel voorzichtig wegvegen. Steek echter nooit iets in de oren van je hond.

Shiba Inu's hebben verschillende genetische oogaandoeningen (Hoofdstuk 17), dus neem de tijd om altijd de ogen van je hond te controleren terwijl je hem verzorgt. Staar is een vrij veel voorkomend probleem bij alle honden naarmate ze ouder worden. Als je troebele ogen ziet, laat je Shiba Inu dan controleren. Als hij staar ontwikkelt, moet je de pup misschien laten behandelen om ze te laten verwijderen, omdat staar tot blindheid kan leiden.

Nagels Knippen

"Nagels kunnen een groot probleem zijn bij Shiba's - ze voelen zich gevangen wanneer hun poten worden vastgehouden. Begin jong, en knip elke week de puntjes van de nagels. Het gebruik van een Dremel wordt vaak beter verdragen (let op dat trommels heet kunnen worden en brandwonden kunnen veroorzaken - er is een diamanttrommel beschikbaar die koel blijft)."

Susan Norris-Jones
SunJo Shiba Inu & Japanese Chin

Het knippen van de nagels van Shiba Inu's kan moeilijk zijn omdat sommige zwarte nagels hebben of omdat het moeilijk kan zijn om te bepalen hoeveel te veel is, wat betekent dat je misschien te veel afknipt en het leven laat bloeden. Het is het beste om een expert de nagels van je hond te laten knippen totdat je kunt zien hoe het gedaan wordt. Als je nog nooit eerder de nagels van een hond hebt geknipt, moet je het leren van een professional, aangezien de nagels veel kunnen bloeden als het verkeerd wordt gedaan. Omdat het moeilijk kan zijn om te bepalen hoe ver je moet gaan bij de nagels van een Shiba Inu, moet je het van een expert leren voordat je het zelf probeert. Als je al weet hoe je de nagels van een hond moet knippen, zorg dan dat je wat bloedstelpend poeder bij de hand hebt voor het geval je te veel afknipt.

Om te weten wanneer je viervoeter zijn nagels geknipt moet krijgen, let op wanneer je hond op harde oppervlakken loopt om er zeker van te zijn dat zijn nagels niet tikken. Als ze dat wel doen, dan zou je moeten verhogen hoe vaak je de nagels van je hond laat knippen. Als algemene regel wordt eens per maand aanbevolen.

Mondgezondheid En Het Poetsen Van De Tanden Van Je Hond

Shiba Inu's moeten regelmatig hun tanden worden gepoetst om tandproblemen te voorkomen. Je leert dit waarschijnlijk liever zelf, dan dat je elke week naar de trimsalon moet. Het is ook fijn om te weten hoe je het moet doen als zijn adem slecht ruikt of hij iets eet dat vies ruikt.

Ook hier moet je leren geduldig te zijn en te voorkomen dat het een regelrechte strijd met je hond wordt. Vastberaden en consequent zijn met een gezonde dosis geduld is de manier om een Shiba Inu uiteindelijk zover te krijgen dat hij dingen op jouw manier doet. Shiba Inu's zoeken altijd manieren om hun zin te krijgen, dus laat ze weten dat poetsen niet te vermijden is, maar dat het helemaal niet eng is.

Gebruik altijd een tandpasta die voor honden is gemaakt. Menselijke tandpasta kan giftig zijn. De smaak van hondentandpasta zal het ook gemakkelijker maken om de tanden van je hond te poetsen – of in ieder geval vermakelijk terwijl hij probeert het op te eten. Om te beginnen met het poetsen van de tanden van je pup:

1. Doe een beetje tandpasta op je vinger en houd deze voor je hond.

2. Laat je hond de tandpasta likken.

3. Prijs je hond voor het proberen van iets nieuws.

4. Doe een beetje tandpasta op je vinger, til de bovenlip van je hond op en begin in cirkels langs het tandvlees van je Shiba Inu te wrijven. Je pup zal het waarschijnlijk moeilijk maken door voortdurend te proberen je vinger te likken. Geef je puppy complimenten wanneer hij niet te veel wiebelt.

   a. Probeer in een cirkelvormige beweging te gaan. Dit zal erg lastig zijn, vooral met die scherpe melktandjes.

   b. Probeer de puppy stil te houden zonder het kleintje in een bankschroef te zetten. Naarmate je puppy groter wordt, moet hij weten hoe hij vrijwillig moet zitten voor de reiniging.

   c. Probeer zowel het bovenste als het onderste tandvlees te masseren. Het is waarschijnlijk dat je de eerste paar keer niet veel meer kunt doen dan je vinger in de mond van je hond krijgen, en dat is oké. Na verloop van tijd zal je puppy leren luisteren, omdat training elders je hond helpt te begrijpen wanneer je commando's geeft.

5. Blijf positief. Nee, je zult waarschijnlijk een tijdje niet in staat zijn om de tanden van de puppy goed schoon te maken, en dat is prima zolang je er geduldig en consequent aan blijft werken.

Zodra je hond het goed lijkt te vinden dat je zijn tanden poetst met je vinger, probeer dan dezelfde stappen met een tandenborstel. Het kan in het begin een vergelijkbaar liedje en dansje zijn, maar het zou niet zo lang moeten duren. Het kan een paar weken duren voordat je kunt overstappen op een tandenborstel, maar zelfs als het zo lang duurt, is het nog steeds een geweldige tijd om een band op te bouwen.

HOOFDSTUK 16
Gezondheid: Allergieën, Parasieten En Vaccinaties

Omgevingsfactoren bepalen grotendeels of je hond parasieten krijgt of niet. Als je bijvoorbeeld in de buurt van een bosrijk gebied woont, loopt je hond een groter risico op teken dan een hond die in de stad woont. Bespreek met je dierenarts welke specifieke omgevingsrisico's er voor jouw hond zijn.

De Rol Van Je Dierenarts

Van het bijwerken van jaarlijkse vaccinaties tot gezondheidscontroles, regelmatige bezoeken aan de dierenarts zorgen ervoor dat je Shiba Inu gezond blijft. Aangezien Shiba Inu's soms wat onverschillig kunnen reageren op aandacht, kan het wat moeilijker zijn om te merken wanneer hij zich niet lekker voelt, totdat het tijd is om iets spannends te doen. Als je Shiba Inu niet zo enthousiast lijkt als normaal over wandelen, hiken of andere activiteiten waar hij normaal gesproken van geniet, dan voelt hij zich waarschijnlijk niet goed. Jaarlijkse bezoeken aan de die-

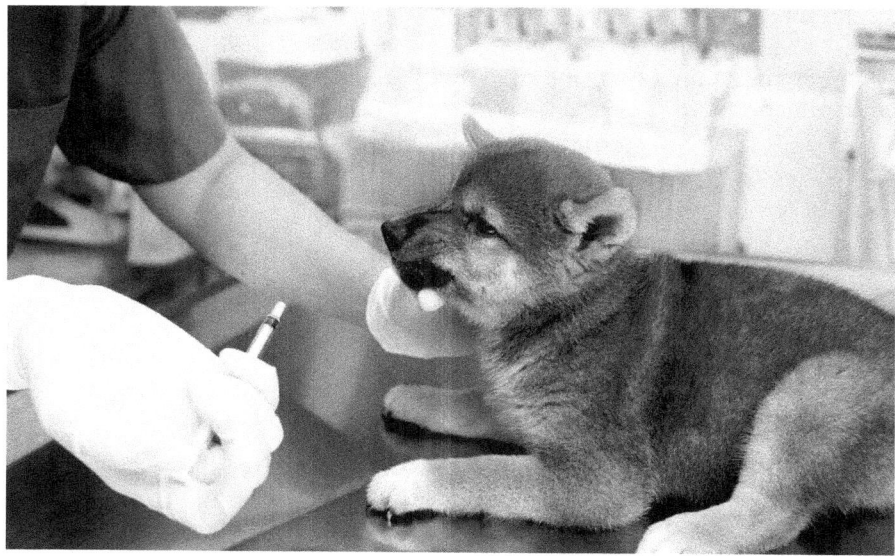

renarts zorgen ervoor dat er geen probleem is dat langzaam de energie of gezondheid van je hond wegneemt.

Gezondheidscontroles zorgen er ook voor dat je Shiba Inu goed ouder wordt. Als er in de loop der jaren vroege symptomen zijn van iets dat mogelijk mis is met je hond (zoals artritis), zorgt een vroege diagnose ervoor dat je tijdig aanpassingen kunt maken. De dierenarts kan je helpen met manieren om pijn en problemen die bij het ouder worden horen te beheersen en kan aanpassingen in het schema aanbevelen om rekening te houden met het ouder wordende lichaam en de afnemende mogelijkheden van je viervoeter. Zo kun je samen plezier blijven hebben zonder je hond pijn te doen.

Dierenartsen kunnen behandelingen en/of preventieve medicijnen bieden voor de verschillende parasieten en microscopische bedreigingen die je hond kan tegenkomen wanneer hij buiten is, tijdens interacties met andere honden, of door blootstelling aan dieren buiten je huis.

Allergieën

Net als mensen kunnen honden allergieën hebben, en Shiba Inu's hebben vaak last van dit probleem. Het probleem is dat het moeilijk kan zijn om te zien wanneer een hond een allergische reactie heeft. De wetenschappelijke naam voor omgevingsallergieën is atopische dermatitis, maar het is moeilijker om te bepalen of het probleem in de omgeving ligt of in het voer dat je je hond geeft. De symptomen zijn bij honden vaak vergelijkbaar voor beide soorten allergieën:

Foto met dank aan Jerry Simek

- Jeuk/krabben, vooral rond het gezicht

- Hot spots

- Oorontstekingen

- Huidinfecties

- Loopneus en -ogen (niet gebruikelijk)

Het verzorgen van je hond is een uitstekend moment om aandacht te besteden aan veel van deze mogelijke problemen.

Honden ontwikkelen vaak allergieën als ze tussen de 1 en 5 jaar oud zijn. Zodra ze allergieën ontwikkelen, groeien honden er niet overheen.

Meestal zijn hondenallergieën gerelateerd aan huidcontact, maar sommige honden kunnen allergisch zijn voor het inademen van microscopische deeltjes, zoals stof, schimmels en pollen.

Aangezien de symptomen voor voedsel- en omgevingsallergieën hetzelfde zijn, moet je met je dierenarts overleggen om de oorzaak te bepalen. Als je hond een voedselallergie heeft, hoef je alleen maar het voer dat je hem geeft te veranderen. Als hij een omgevingsallergie heeft, heeft hij medicatie nodig, net als mensen. Daarom wil je weten of het probleem seizoensgebonden is (zoals pollen) of het hele jaar door aanwezig is, zodat je weet wanneer je je hond moet behandelen.

Net als bij mensen is het volledig elimineren van het probleem niet echt haalbaar – er is maar zoveel dat je kunt doen om de omgeving rond je hond te veranderen. Er zijn verschillende soorten medicijnen die je hond minder gevoelig kunnen maken voor de allergenen.

- **Antibacteriële/antischimmelmiddelen** – Shampoos, pillen en crèmes behandelen meestal niet de allergie zelf, maar de problemen die met allergieën komen, zoals bacteriële infecties en schimmelinfecties.

- **Ontstekingsremmers** – Dit zijn vrij verkrijgbare orale medicijnen die vergelijkbaar zijn met allergiemedicijnen voor mensen. Je moet voorzichtig zijn als je deze medicijnen gebruikt en je hond in de gaten houden om te zien of hij bijwerkingen heeft. Begin niet met het geven van medicijnen aan je hond zonder eerst te overleggen met de dierenarts. Als je hond een slechte reactie heeft, zoals lethargie, diarree of uitdroging, moet je je dierenarts raadplegen.

- **Immunotherapie** – Een reeks injecties kan de gevoeligheid van je hond voor datgene waarvoor hij allergisch is verminderen. Dit is iets wat je thuis kunt doen, dus je hoeft je hond niet naar de dierenarts te brengen om de serie te voltooien. Leer van je dierenarts hoe je de injecties moet geven, en dan kun je uitzoeken hoe je de injecties voor jouw regio kunt krijgen. Wetenschappers ontwikkelen ook een orale versie van het medicijn om het gemakkelijker te maken om voor je hond te zorgen.

- **Topisch** – Dit medicijn is vaak een soort shampoo en conditioner die allergenen uit de vacht van je hond verwijdert. Een warm (niet heet) bad geven aan je hond kan ook helpen om jeuk te verlichten.

Overleg met je dierenarts over de medicijnen die beschikbaar zijn voor je hond om de beste behandeling voor jouw situatie en de behoeften van je Shiba Inu te bepalen.

Inhalatie- En Omgevingsallergieën

Inhalatieallergieën worden veroorzaakt door dingen zoals stof, pollen, schimmels en zelfs hondenhuidschilfers. De reactie van een hond is vaak anders dan die van een mens. In plaats van niezen en een loopneus te hebben, hebben honden door de allergie meer last van jeuk. Je hond kan aan een bepaalde hot spot krabben of hij kan aan zijn ogen en oren beginnen te krabben. Sommige honden hebben wel een loopneus en niezen veel, maar dit is meestal naast het krabben.

Contactallergieën

Contactallergieën betekenen dat je hond iets heeft aangeraakt dat een allergische reactie veroorzaakt. Dingen zoals wol, chemicaliën in een vlooienbehandeling en bepaalde grassoorten kunnen irritatie van de huid van een hond veroorzaken, zelfs verkleuring. Als de allergische reactie niet wordt behandeld, kan deze sterke geuren gaan afgeven en vachtverlies veroorzaken.

Net als voedselallergieën zijn contactallergieën gemakkelijk te behandelen, want zodra je weet wat de huid van je hond irriteert, kun je het probleem wegnemen.

Vlooien En Teken

Aangezien Shiba Inu's zo graag buiten zijn, lopen ze een veel groter risico op zowel teken als vlooien dan veel andere honden, en geen van beide parasieten is gemakkelijk te zien omdat een Shiba Inu een donkere vacht heeft. Daarom mag je geen onderbreking toestaan in de anti-vlo en -tekenbehandeling, zelfs niet in de winter.

Maak er een gewoonte van om na elke uitstapje in het bos, of in de buurt van lang gras of wilde planten, op teken te controleren. Kam door de vacht van je hond en controleer zijn huid op irritatie en parasieten. Aangezien je dit vaak zult doen, zou je in staat moeten zijn om te merken wanneer er een verandering is, zoals bijvoorbeeld een nieuwe bult. Aangezien je hond erg blij zal zijn om tijd met je door te brengen, zou de huidcontrole niet lang moeten duren.

Vlooien zijn problematisch omdat ze veel mobieler zijn dan teken. De beste manier om naar vlooien te zoeken is door het een vast onderdeel te maken van je borstelsessies. Je kunt ook letten op gedragsindicatoren, zoals onophoudelijk krabben en likken. Je zult regelmatig vlooienwerende producten moeten gebruiken zodra je puppy een geschikte leeftijd heeft bereikt.

De Amerikaanse FDA heeft een waarschuwing afgegeven over sommige in de winkel gekochte behandelingen. Of je nu op zoek bent naar behandelingen die maandelijks moeten worden aangebracht, of een halsband voor constante bescherming, controleer altijd of de behandeling isoxazoline bevat (zoals in Bravecto, Nexgard, Credelio en Simparica). Dit ingrediënt kan namelijk nadelige effecten hebben op huisdieren. Hoewel andere ingrediënten veilig zijn voor huisdieren wanneer ze in de juiste doses worden gebruikt, kan een product dat bedoeld is voor een grotere hond giftig zijn voor jouw hond als je het gebruikt. Overleg met je dierenarts over aanbevolen behandelingen om ervoor te zorgen dat je de juiste dosis vlo- en tekenafweermiddel krijgt voor de grootte en behoeften van je hond. Wanneer je begint met het aanbrengen van de behandeling, houd je hond dan in de gaten voor de volgende problemen:

- Diarree/braken
- Trillen
- Lethargie
- Toevallen

Breng je hond naar de dierenarts als je een van deze problemen opmerkt.

Gebruik nooit een product dat ontworpen is voor een hond bij een kat of vice versa. Als je hond ziek, zwanger of zogende is, moet je mogelijk op zoek gaan naar een alternatieve behandeling. Vlooienhalsbanden worden over het algemeen niet aanbevolen omdat ze bekend staan om het veroorzaken van problemen bij huisdieren en mensen. Als je een kat of jonge kinderen hebt, moet je een van de andere opties kiezen om vlooien en teken bij je hond weg te houden. Dit komt omdat vlooienhalsbanden een ingrediënt bevatten dat dodelijk is voor katten en waarvan wordt gedacht dat het kankerverwekkend kan zijn voor mensen.

Wanneer je een vlooienbehandeling koopt, lees dan de verpakking om erachter te komen wanneer het juiste moment is om je hond te behandelen op basis van zijn huidige leeftijd en grootte. Verschillende merken hebben verschillende aanbevelingen, en je wilt niet te vroeg beginnen met het behandelen van je puppy. Er zijn ook zeer belangrijke stappen om de behandeling toe te passen. Zorg ervoor dat je alle stappen begrijpt voordat je de vlooienbehandeling aanschaft.

Als je natuurlijke producten wilt gebruiken in plaats van chemische, neem dan een paar uur de tijd om de alternatieven te onderzoeken en uit te zoeken wat het beste werkt voor je Shiba Inu. Controleer of natuurlijke producten werken voordat je ze koopt en raadpleeg zeker je dierenarts. Het opstellen van een regelmatig schema en het toevoegen aan de kalender zal je helpen herinneren om je hond elke maand consequent te behandelen.

Parasitaire Wormen

Hoewel wormen een minder vaak voorkomend probleem zijn dan vlooien en teken, kunnen ze veel gevaarlijker zijn. Je hond kan ziek worden van wormen die worden overgedragen door vlooien en teken. Er zijn een aantal soorten wormen waar je je bewust van moet zijn:

- Hartwormen
- Haakwormen
- Rondwormen
- Lintwormen
- Zweepwormen

Helaas is er geen gemakkelijk te herkennen set symptomen om te helpen identificeren wanneer je hond wormen heeft. Je kunt echter wel letten op deze symptomen, en als je hond ze vertoont, maak dan een afspraak bij de dierenarts.

- Je Shiba Inu is onverwacht lusteloos gedurende ten minste een paar dagen.
- Plekken vacht beginnen uit te vallen (dit zal opvallen als je je Shiba Inu regelmatig borstelt) of als je vlekkerige plekken in de vacht van je hond opmerkt.
- De buik van je hond wordt opgezet (zet uit) en ziet eruit als een dikke buik.
- Je Shiba Inu begint te hoesten, braken, heeft diarree of heeft een verminderde eetlust.

Als je niet zeker bent over een symptoom, is het altijd het beste om zo snel mogelijk naar de dierenarts te gaan om het te laten controleren.

Hartwormen

Hartwormen vormen een aanzienlijke bedreiging voor de gezondheid van je hond en kunnen dodelijk zijn omdat ze zowel de bloedstroom kunnen vertragen als stoppen. Je moet je hond actief behandelen voor hartwormpreventie om ervoor te zorgen dat deze parasiet geen thuis vindt in je hond.

Gelukkig behoren hartwormen tot de gemakkelijkst te voorkomen gezondheidsproblemen. Er zijn medicijnen die ervoor kunnen zorgen dat je Shiba Inu geen hartwormen krijgt. Om dit zeer ernstige probleem te voorkomen, kun je je hond een kauwbaar medicijn, een topisch medicijn geven, of je kunt injecties aanvragen.

Deze specifieke parasiet wordt overgedragen door muggen, die in de meeste regio's van het land bijna onmogelijk te vermijden zijn. Aangezien hartwormen potentieel dodelijk zijn, is het nemen van preventieve maatregelen essentieel.

Als een hond hartwormen heeft, is de aandoening kostbaar en tijdrovend om te behandelen en te genezen, maar het zal al het werk meer dan waard zijn vanwege hoe geweldig de honden zijn.

1. De dierenarts zal eerst bloed afnemen om tests uit te voeren, wat tot wel €900 kan kosten.
2. De behandeling begint met enkele eerste medicijnen, waaronder antibiotica en ontstekingsremmende medicijnen.
3. Na een maand van de eerste medicatie zal je dierenarts je hond drie injecties geven over een periode van twee maanden.

Vanaf het moment dat de dierenarts bevestigt dat je hond hartwormen heeft totdat hij of zij zegt dat je hond vrij is van de parasiet, moet je je hond rustig houden. Je dierenarts zal je vertellen hoe je je hond het beste kunt laten bewegen tijdens deze periode. Aangezien je Shiba Inu waarschijnlijk energiek is, zal dit een zeer zware tijd zijn voor zowel jou als je hond. Je moet voorzichtig zijn wanneer je hond beweegt omdat de wormen in het hart van je hond zitten en de bloedstroom belemmeren. Daarom kan het te veel laten pompen van het hart van je hond hem doden.

De behandeling gaat door nadat de injecties zijn voltooid. Na ongeveer 6 maanden zal je dierenarts een nieuwe bloedtest uitvoeren om er zeker van te zijn dat de wormen weg zijn.

Zodra je hond vrij is van de parasieten, moet je waakzaam blijven met het mediceren van je hond tegen hartwormen. Je wilt ervoor zorgen dat je arme kleine vriend niet nog eens door dat lijden gaat. Er zal blijvende schade aan het hart van je hond zijn, dus je moet ervoor zorgen dat je hond niet te veel beweegt.

Darmwormen: Haakwormen, Rondwormen, Lintwormen En Zweepwormen

Alle vier deze wormen gedijen in het darmkanaal van je hond, en ze komen daar terecht wanneer je hond iets eet dat ermee besmet is. De volgende zijn de meest voorkomende manieren waarop honden wormen binnenkrijgen:

- Uitwerpselen
- Kleine gastheren, zoals vlooien, kakkerlakken, regenwormen en knaagdieren
- Grond, inclusief het likken ervan van hun vacht en poten

- Besmet water
- Moedermelk (als de moeder wormen heeft, kan ze deze doorgeven aan jonge puppy's wanneer ze eten)

De volgende zijn de meest voorkomende symptomen en problemen veroorzaakt door darmparasieten:

- Bloedarmoede
- Bloedverlies
- Hoesten
- Uitdroging

- Diarree
- Ontsteking van de dikke darm
- Gewichtsverlies

Als een hond rust in grond met haakwormlarven, kan de parasiet door de huid van de hond boren. Dierenartsen voeren een diagnostische test uit om te bepalen of je hond deze parasiet heeft. Als je hond haakwormen heeft, zal je dierenarts een ontwormingsmiddel voorschrijven. Je moet zelf ook een arts bezoeken omdat mensen ook haakwormen kunnen krijgen.

Rondwormen lijken een beetje op vlooien in die zin dat ze zeer algemeen zijn, en op een bepaald moment in hun leven moeten de meeste honden ervoor worden behandeld. Ze eten voornamelijk het verteerde voedsel in de maag van je hond, waardoor ze de voedingsstoffen krijgen die je hond nodig heeft. Het is mogelijk dat larven in je hond blijven, zelfs nadat alle volwassen wormen zijn uitgeroeid. Moeders kunnen deze larven doorgeven aan hun puppy's. Dit betekent dat wanneer je een zwangere Shiba Inu hebt, je haar puppy's regelmatig moet laten controleren om er zeker van te zijn dat de inactieve larven niet worden doorgegeven aan de puppy's. De moeder zal ook dezelfde tests moeten ondergaan om er zeker van te zijn dat ze haar niet ziek maken. Naast de hierboven genoemde symptomen kan je Shiba Inu een dikke buik lijken te hebben. Je kunt de wormen ook zien in de uitwerpselen of het braaksel van je hond.

Lintwormen worden meestal gegeten als ze eitjes zijn, meestal overgedragen door vlooien of uit de uitwerpselen van andere dieren die lintwormen hebben. Ze ontwikkelen zich in de dunne darm van de hond totdat ze volwassen zijn. Na verloop van tijd zullen delen van de lintworm afbreken en zichtbaar worden in het afval van je hond, dat zorgvuldig moet worden opgeruimd om te voorkomen dat andere dieren lintwormen krijgen. Hoewel lintwormen meestal niet dodelijk zijn, kunnen ze gewichtsverlies veroorzaken terwijl ze je hond een dikke buik geven (afhankelijk van hoe groot de wormen in de darmen van je hond worden).

Je dierenarts kan je hond testen om te zien of hij lintwormen heeft, en zal een medicijn voorschrijven dat je aan je hond kunt geven, waaronder kauwbare tabletten, tabletten of een medicijn dat je over het voer

Foto met dank aan
Sophie Riggs

van je hond kunt strooien. Er is een laag risico dat mensen lintwormen krijgen, waarbij kinderen het grootste risico lopen vanwege de waarschijnlijkheid dat ze spelen in gebieden waar hondenuitwerpselen zijn en daarna hun handen niet zorgvuldig genoeg wassen. Het is mogelijk om lintwormen te krijgen als iemand een vlo inslikt, wat mogelijk is als je hond en huis een ernstige plaag hebben.

Zweepwormen groeien in de dikke darm, en in grote aantallen kunnen ze dodelijk zijn. Hun naam is indicatief voor hun uiterlijk, waarbij hun staarten dunner lijken dan het bovenste gedeelte. Net als bij de andere wormen moet je je hond laten testen om te bepalen of hij ziek lijkt te zijn.

Bijhouden van vlooienbehandelingen, ervoor zorgen dat mensen opruimen achter hun huisdieren, en erop letten dat je Shiba Inu geen afval of dierlijke uitwerpselen eet, zijn de beste preventieve maatregelen om je hond veilig te houden tegen het krijgen van deze parasieten.

Als je hond haakwormen of rondwormen heeft, kunnen deze via huidcontact van je hond op jou worden overgedragen. Tegelijkertijd behandeld worden als je Shiba Inu kan helpen om de vicieuze cirkel van voortdurend wisselen wie van jullie wormen heeft te doorbreken.

Preventieve maatregelen tegen al deze wormen kunnen worden opgenomen in de preventieve medicatie voor hartwormen. Praat met je dierenarts over de verschillende opties om te voorkomen dat je huisdier aan een van deze gezondheidsproblemen lijdt.

Je Shiba Inu Vaccineren

Vaccinatieschema's zijn vrijwel universeel voor alle hondenrassen, inclusief Shiba Inu. De volgende lijst kan je helpen ervoor te zorgen dat je Shiba Inu de nodige inentingen op schema krijgt. Zorg ervoor dat je dit aan je kalender toevoegt. Ter herinnering, er mogen geen inentingen worden toegediend tijdens het eerste bezoek aan de dierenarts. Je nieuwe hond heeft al genoeg stress met alle veranderingen in zijn leven zonder ziekte toe te voegen. Als je puppy binnenkort na aankomst in je huis meer inentingen moet krijgen, moet die afspraak apart worden gepland, zodra je puppy zich meer op zijn gemak voelt in je huis.

De volgende tabel geeft details over welke inentingen moeten worden toegediend en wanneer.

Tijdlijn	Vaccinatie		
6 tot 8 weken	Bordetella	Leptospira	DHPP – Eerste vaccinatie
	Lyme	Influenza Virus-H3N8	Influenza Virus-H3N2
10 tot 12 weken	Leptospira	DHPP – Tweede vaccinatie	Hondsdolheid
	Lyme	Influenza Virus-H3N8	Influenza Virus-H3N2
14 tot 16 weken	DHPP – Derde vaccinatie		
Jaarlijks	Leptospira	Bordetella	Hondsdolheid
	Lyme	Influenza Virus-H3N8	Influenza Virus-H3N2
Elke 3 jaar	DHPP Boost-ervaccinatie	Hondsdolheid (indien gekozen voor langere vaccinatieperiode)	

Deze inentingen beschermen je hond tegen een reeks kwalen. Houd er rekening mee dat inentingen jaarlijks onderdeel moeten zijn van de bezoeken aan de dierenarts, zodat je je pup veilig kunt houden. Als je meer wilt weten over de ziekten waartegen deze vaccinaties je hond beschermen, raadpleeg dan het Canine Journal. Ze geven details over de kwalen en andere informatie die je kan helpen begrijpen waarom het zo belangrijk is om bij te blijven met de inentingen.

Holistische Alternatieven

Het is logisch dat je een hond wilt beschermen tegen veel blootstelling aan chemische behandelingen, en er zijn veel goede redenen waarom mensen overstappen op meer holistische methoden. Dit vereist echter veel meer onderzoek en monitoring om ervoor te zorgen dat de methoden werken – en, het belangrijkste, je hond niet schaden. Niet-geverifieerde holistische medicijnen kunnen geldverspilling zijn, of erger nog, ze kunnen zelfs schadelijk zijn voor je huisdier.

Als je besluit om voor holistische medicatie te gaan, praat dan met je dierenarts over je opties. Je kunt ook Shiba Inu-experts raadplegen om te zien wat zij aanbevelen voordat je methoden gaat gebruiken waarin je geïnteresseerd bent. Lees wat wetenschappers hebben gezegd over de medicijnen die je overweegt. Er is een kans dat de producten die je in een winkel koopt eigenlijk beter zijn dan sommige holistische medicijnen.

Zorg ervoor dat je grondig bent in je onderzoek en dat je geen onnodige risico's neemt met de gezondheid van je Shiba Inu.

HOOFDSTUK 17
Genetische Gezondheidsproblemen

" Shiba's kunnen gevoelig zijn voor losse knieschijven, waardoor ze mank kunnen lopen met hun achterpoten, en ook voor glaucoom (wat blindheid kan veroorzaken) en heupdysplasie. Goede fokkers testen al hun fokdieren op deze afwijkingen, dus kies een gewetensvolle, deskundige fokker."

CJ Strehle
JADE Shiba Inu

Alle rashonden hebben genetische aandoeningen, ook de Shiba Inu. Desondanks zijn ze, gezien het feit dat ze al duizenden jaren bestaan, een ongelooflijk gezond ras. Dit komt grotendeels doordat fokkers zeer voorzichtig waren toen ze het ras van de rand van uitsterven terugbrachten. Ze hebben ook een waardevolle les geleerd over hoe ze het beste kunnen zorgen dat de honden gezond geboren worden. Goede fokkers bieden garanties (Hoofdstuk 3) om ervoor te zorgen dat puppy's kunnen worden teruggebracht als ze een van de bekende genetische problemen van het ras hebben. Om aan de voorwaarden van deze garanties te voldoen, moet je de problemen en hun symptomen kennen. Hoe eerder je begint met het aanpakken van potentiële problemen, hoe gezonder je Shiba Inu waarschijnlijk zal zijn.

Fokkers moeten naast vaccinatiebewijzen en vereiste tests ook gezondheidsrapporten kunnen verstrekken. Door ervoor te zorgen dat de ouders gezond zijn, vergroot je de kans dat je puppy zijn hele leven gezond blijft. Er bestaat echter nog steeds een kans dat je hond een van deze gedocumenteerde problemen krijgt, zelfs als de ouders die niet hebben, dus je zult je vriend nog steeds goed in de gaten moeten houden.

Zoals we eerder hebben opgemerkt, zijn allergieën het meest voorkomende probleem bij de Shiba Inu. Hoofdstuk 16 geeft meer details over waar je op moet letten bij allergieën. Dit hoofdstuk richt zich specifiek op andere potentiële erfelijke problemen.

*Foto met dank aan
Kristi Wiegraffe*

Heup- en Elleboogdysplasie

Heup- en elleboogdysplasie is een veelvoorkomend probleem bij honden, vooral bij rassen met een werkverleden. Het dieet van een hond (Hoofdstuk 13) als puppy kan helpen problemen te minimaliseren wanneer hij volwassen wordt. Beide vormen van dysplasie zijn het gevolg van misvormde heup- en pootgewrichten, wat vaak leidt tot artritis doordat de onjuiste passing het kraakbeen beschadigt. De aandoening is te detecteren tegen de tijd dat een hond volwassen wordt, met behulp van röntgenfoto's.

Dysplasie is een probleem dat je Shiba Inu mogelijk probeert te verbergen omdat hij niet wil vertragen. Je volwassen hond zal wat stijver lopen of kan hijgen, zelfs als het niet warm is. De aandoening wordt meestal duidelijker naarmate een hond zijn gouden jaren nadert, vergelijkbaar met hoe oudere mensen hun looppatroon aanpassen om pijn te verminderen. Opstaan kan moeilijker worden naarmate je hond ouder wordt.

Hoewel een operatie een optie is in ernstige gevallen, kunnen de meeste honden baat hebben bij minder invasieve behandelingen:

- Ontstekingsremmende medicijnen – overleg met je dierenarts (honden mogen niet dagelijks grote doses ontstekingsremmers krijgen, aangezien deze de nieren van je hond kunnen beschadigen)
- Verminder de hoeveelheid oefeningen met hoge impact die je hond krijgt, vooral op houten vloeren, tegels, beton of andere harde oppervlakken (je kunt meer dingen doen die hem actief houden zonder de schokkerige bewegingen van wandelen en joggen op harde oppervlakken).
- Inneembare gewrichtsvloeistofverbeteraars, zoals glucosamine snacks
- Fysiotherapie (zoals hydrotherapie waarbij je hond op een loopband loopt terwijl hij in water staat), wat je met je dierenarts moet bespreken
- Gewichtsverlies (voor honden die overgewicht hebben of obese zijn)

Patellaluxatie

De Shiba Inu kan lijden aan patellaluxatie, ook wel verschuivende knieschijven genoemd. Wanneer de knieschijven niet goed in de gewrichten passen, kunnen de achterpoten enkele kleine problemen hebben. In de meeste gevallen is patellaluxatie geen ernstig probleem en het

Foto met dank aan
Inger Lise Fløtten

staat niet bekend als erg pijnlijk. Soms is echter een operatie nodig om de herhaalde verschuiving van de knieschijf te verhelpen.

Als je Shiba Inu af en toe pijn lijkt te hebben bij het lopen of huilt tijdens het rennen, kan dit een teken zijn van deze aandoening. Ze houden het aangedane been vaak korte tijd omhoog om de pijn te verlichten. Het kan moeilijk te detecteren zijn tenzij een hond een ernstiger geval heeft, vooral naarmate je hond ouder wordt.

Oogproblemen

"Glaucoom is een zeer ernstig en pijnlijk probleem; helaas is het meestal een ziekte die laat optreedt en pas zichtbaar wordt op een leeftijd van 8 jaar of ouder."

Susan Norris-Jones
SunJo Shiba Inu & Japanese Chin

De amandelvormige, bruine ogen van de Shiba Inu weerspiegelen hun intense intelligentie en berekeningen van de wereld om hen heen, maar die prachtige ogen hebben ook verschillende erfelijke problemen. Gelukkig zijn ze meestal niet ernstig.

Foto met dank aan Brooke Steinbach

Entropion

Entropion is wanneer de oogleden van de hond naar binnen rollen, waardoor het hoornvlies beschadigd raakt doordat de wimpers ertegenaan schuren. De corrigerende operatie die dit probleem verhelpt, kan een andere oogaandoening veroorzaken, ectropion. Dit is wanneer het onderste ooglid naar beneden hangt, zodat je het zachte roze weefsel onder het oog kunt zien. Hoewel ectropion geen ernstig probleem is – basset hounds leven ermee als een natuurlijk onderdeel van hun gezichtsstructuur – verhoogt het wel de kans op ooginfecties.

Microftalmie

Dit is geen veelvoorkomend probleem, maar soms worden puppy's geboren met kleine ogen, microftalmie genoemd. In de meeste gevallen zijn deze honden blind, en het is onwaarschijnlijk dat een gerenommeerde fokker deze puppy's zou afstaan.

Schimmelinfecties in de Oren

De oren van honden kunnen een donkere, warme plek creëren waar schimmels, gist en bacteriën gedijen. Allergieën kunnen een belangrijke bijdragende factor zijn, maar alle honden lopen risico op dit soort infecties. Daarom is het absoluut essentieel dat je de oren van je hond niet nat laat worden tijdens het baden, en dat je de gezondheid van zijn oren in de gaten houdt. Let op de volgende problemen in de oren van je hond:

- Gekleurde afscheiding (vooral bruin of bloederig)
- Zwelling en roodheid
- Korstvorming op de huid van de oorflap
- Krabben aan het oor of frequent schudden met het hoofd
- Verlies van gehoor of evenwicht
- In cirkels lopen (meer dan gebruikelijk voor toiletinspecties of nestelen voordat hij gaat liggen)

Als je een van deze symptomen opmerkt, breng je hond dan naar de dierenarts, zelfs als de symptomen mild lijken. Er zijn verschillende beschikbare behandelingen, afhankelijk van de ernst van de aandoening. Meestal wordt een antischimmelcrème aanbevolen, maar ernstigere problemen (zoals een infectie in het middenoor) kunnen injecties of een operatie vereisen.

Foto met dank aan
Reagan Smith

Als je hond lijdt aan chronische schimmelinfecties in de oren, zal je dierenarts waarschijnlijk een oorreiniger aanbevelen die is ontworpen om het probleem te voorkomen, of een oplossing die het gebied droog houdt.

Veelvoorkomende Fouten van Eigenaren

Naast genetische problemen zijn er dingen die je kunt doen die de gezondheid van je hond kunnen schaden met betrekking tot voeding en bewegingsniveau. In de begindagen is het een moeilijk evenwicht om te vinden, aangezien je puppy uitbundig en springerig is. Zelfs als hij een volwassen hond is, moet je ervoor zorgen dat je de stress op het lichaam van je Shiba Inu minimaliseert. Gewichtsbeheer is een belangrijke manier om je hond gezond te houden. Je moet ervoor zorgen dat je hond de juiste voeding krijgt voor zijn activiteitsniveau om te voorkomen dat hij een groter risico loopt op verergering van heup- en elleboogdysplasie.

Het niet opmerken van vroege tekenen van potentiële problemen kan schadelijk zijn, zelfs fataal. Als je op enig moment vreemde veranderingen in het gedrag van je hond opmerkt, breng hem dan naar de dierenarts. Omdat de Shiba Inu over het algemeen een gezond ras is, kan vreemd gedrag een teken zijn dat er iets mis is en gecontroleerd moet worden.

Preventie en Monitoring

De recente trend van "schattige" Shiba Inu's met overgewicht heeft aandacht gevestigd op de potentiële gezondheidsrisico's die dit soort trends kunnen veroorzaken. Dit is een ras dat van zichzelf al schattig is, dus je moet de gezondheid van je hond niet opofferen in naam van schattigheid. Neem in plaats daarvan extra tijd om je hond te trainen om iets schattigs te doen. Dit is zowel gezonder als leuker.

Het monitoren van het gewicht van je Shiba Inu is belangrijk, minstens eens per kwartaal of twee keer per jaar. Aangezien heup- en elleboogdysplasie een reëel genetisch probleem is, zal extra gewicht de zaken alleen maar verergeren. Je dierenarts zal waarschijnlijk met je praten als je hond overgewicht heeft, omdat dit niet alleen druk uitoefent op de poten, gewrichten en spieren van de hond, maar ook nadelige effecten kan hebben op het hart, de bloedcirculatie en het ademhalingssysteem van je hond. Zorg ervoor dat je met je dierenarts praat als je merkt dat je Shiba Inu problemen heeft. Die regelmatige bezoeken aan de dierenarts kunnen je helpen problemen aan te pakken die je misschien niet als een groot probleem beschouwt. Soms zijn de symptomen die je opmerkt een teken van een toekomstig probleem.

HOOFDSTUK 18
De Oudere Shiba Inu

De meeste Shiba Inu's worden tussen de 12 en 15 jaar oud, dus je zult waarschijnlijk een flink aantal goede jaren met je kleine, onafhankelijke schatje hebben. Er zijn zelfs gevallen bekend waarin goed verzorgde Shiba Inu's meer dan 2 decennia oud werden – momenteel heeft een Shiba Inu het record voor de langstlevende hond (die 26 jaar oud werd). Hoewel dit veel langer is dan gebruikelijk, laat het wel zien dat je Shiba Inu met de juiste zorg een lang en gelukkig leven kan leiden.

Op een gegeven moment zul je merken dat je Shiba Inu langzamer wordt, en dat is een teken dat je kleine vriend de leeftijd in zijn botten begint te voelen. Dit gebeurt meestal rond de 9 of 10 jaar. Een hond kan zijn hele leven gezond blijven, maar zijn lichaam zal niet meer dezelfde activiteiten aankunnen naarmate de jaren hun tol beginnen te eisen. De aanpassingen die nodig zijn als je hond ouder wordt, zullen gebaseerd zijn op de specifieke behoeften van jouw Shiba Inu. De eerste tekenen zijn meestal dat je hond wat stijver gaat lopen of eerder tijdens de wandeling of het joggen zwaarder begint te hijgen. Als je dat ziet, begin dan de joggingtochtjes af te bouwen, of stop met joggen en ga over op meer energieke wandelingen. Het is waarschijnlijk dat je Shiba Inu actief wil blijven, wat betekent dat je ervoor moet zorgen dat het activiteitenniveau niet stopt, maar pas wel het soort activiteiten aan dat je doet.

Je schema zal moeten veranderen naarmate je viervoeter langzamer wordt. Zorg ervoor dat je pup zichzelf niet overbelast, aangezien Shiba Inu's soms te gefocust zijn op actief zijn om te beseffen dat ze pijn hebben en moeten rusten. Als een ongelooflijk onafhankelijke hond zal je Shiba Inu echt niet willen accepteren dat dingen veranderen en dat hij dit niet kan controleren.

Er is een reden waarom deze jaren de gouden jaren worden genoemd – je kunt er echt van genieten met je hond. Je hoeft je niet meer zoveel zorgen te maken dat hij dingen kapot maakt uit verveling of overenthousiast wordt tijdens wandelingen. Je kunt genieten van luie avonden en rustige weekenden met wat minder inspannende beweging tussendoor. Het is eenvoudig om de seniorenjaren ongelooflijk plezierig te maken voor zowel je Shiba Inu als jezelf door de nodige aanpassingen te doen.

Uitdagingen bij de Verzorging van Senioren

In de meeste gevallen is de zorg voor een oudere hond veel eenvoudiger dan de zorg voor een jongere hond, en Shiba Inu's vormen daarop geen uitzondering.

Aanpassingen die je zou moeten maken voor je oudere Shiba Inu zijn onder andere:

- Zet waterbakjes op verschillende plekken neer, zodat je hond er gemakkelijk bij kan wanneer dat nodig is.

- Bedek harde vloeroppervlakken (zoals tegels, hardhout en vinyl). Gebruik antislip tapijten of kleden.

- Voeg kussens en zachtere bedding toe voor je Shiba Inu. Dit maakt het oppervlak comfortabeler. Er bestaan bedverwarmers voor honden als je Shiba Inu vaak pijnlijke gewrichten of spieren heeft. Natuurlijk moet je er ook voor zorgen dat hij niet te warm wordt, dus dit kan een delicate balans zijn.

- Om zijn bloedsomloop te verbeteren, borstel je Shiba Inu vaker.

Foto met dank aan
Cheryl Carleton

- Blijf binnen bij extreme hitte en kou. Je Shiba Inu is weliswaar robuust, maar een oude viervoeter kan extreme veranderingen niet meer zo goed aan als vroeger.

- Gebruik waar mogelijk trappen of hellingen voor je Shiba Inu, zodat de oude rakker niet hoeft te springen.

- Vermijd het verplaatsen van je meubels, vooral als je Shiba Inu tekenen vertoont van problemen met zijn zicht of dementie heeft. Een vertrouwde omgeving is geruststellender en minder stressvol naarmate je huisdier ouder wordt. Als je Shiba Inu niet meer zo duidelijk kan zien als vroeger, zal het vertrouwd houden van de woning het

Foto met dank aan Miriam Jamison

voor je hond gemakkelijker maken om zich te verplaatsen zonder zich te bezeren.

- Als je trappen in huis hebt, overweeg dan om een ruimte in te richten waar je hond kan verblijven zonder te vaak op en neer te hoeven lopen.

- Creëer een plek waar je Shiba Inu kan ontspannen met minder afleiding en lawaai. Laat je oude vriend zich niet geïsoleerd voelen, maar geef hem wel een plek om zich terug te trekken als hij even alleen wil zijn.

- Wees voorbereid om je hond vaker uit te laten voor plaspauzes.

Veelvoorkomende Fysieke Aandoeningen Gerelateerd aan Veroudering

In vorige hoofdstukken zijn ziektes behandeld die veel voorkomen of waarschijnlijk zijn bij een Shiba Inu, maar de oude dag brengt vaak een reeks kwalen met zich mee die niet specifiek zijn voor één ras. Hier zijn de dingen waar je op moet letten (en waarover je met je dierenarts moet praten).

- Artritis is waarschijnlijk de meest voorkomende kwaal bij elk hondenras, en de Shiba Inu vormt daarop geen uitzondering. Als je hond tekenen van stijfheid en pijn vertoont na normale activiteiten, overleg dan met je dierenarts over veilige manieren om de pijn en het ongemak van deze veelvoorkomende gewrichtsaandoening te minimaliseren.

- Tandvleesaandoeningen komen ook vaak voor bij oudere honden, en je moet net zo waakzaam zijn met het poetsen van zijn tanden wanneer je hond ouder wordt als op elke andere leeftijd. Een regelmatige controle van de tanden en het tandvlees van je Shiba Inu kan helpen ervoor te zorgen dat dit geen probleem wordt.

- Verlies van gezichtsvermogen of blindheid komt relatief vaak voor bij oudere honden, net zoals bij mensen. Laat het zicht van je hond minstens één keer per jaar controleren en vaker als het duidelijk is dat zijn gezichtsvermogen achteruitgaat.

- Nierziekte is een veelvoorkomend probleem bij oudere honden, en een aandoening die je in de gaten moet houden naarmate je Shiba Inu ouder wordt. Als je viervoeter vaker drinkt en regelmatig ongelukjes heeft, breng je Shiba Inu dan zo snel mogelijk naar de dierenarts en laat hem controleren op nierziekte.

- Diabetes is waarschijnlijk de grootste zorg voor een ras dat zo graag eet als je Shiba Inu, zelfs met 2 uur dagelijkse beweging gedurende

Foto met dank aan Ryan N Rodriguez

het grootste deel van het volwassen leven van de hond. Hoewel diabetes meestal wordt gezien als een genetische aandoening, kan elke Shiba Inu diabetisch worden als hij niet goed wordt gevoerd en voldoende beweegt. Dit is nog een reden waarom het zo belangrijk is om voorzichtig te zijn met het dieet en bewegingsniveau van je Shiba Inu.

Trappen, Hellingen en Rolstoelen

Je moet je Shiba Inu niet optillen om hem de trap op te dragen of in de auto te zetten – hij wil nog steeds onafhankelijk zijn, en bovendien kun je hem mogelijk beschadigen als je hem optilt. Trappen en hellingen zijn de beste manier om ervoor te zorgen dat je Shiba Inu veilig een zekere mate van zelfredzaamheid kan behouden naarmate hij ouder wordt. Bovendien zorgt het gebruik van trappen en hellingen voor wat extra beweging.

Bezoeken aan de Dierenarts

Naarmate je Shiba Inu ouder wordt, zul je de vertraging opmerken, en de pijn in het lichaam van je Shiba Inu zal duidelijk zijn, net zoals bij een ouder persoon. Zorg ervoor dat je regelmatig bezoeken brengt aan je dierenarts om er zeker van te zijn dat je niets doet wat je Shiba Inu mogelijk kan schaden. Als je Shiba Inu een slopende kwaal of aandoening heeft, wil je misschien de opties bespreken om zijn levenskwaliteit te verbeteren – zoals het gebruik van een rolstoeltje wanneer zijn poten ernstige problemen beginnen te vertonen.

Het Belang van Regelmatige Bezoeken aan de Dierenarts en Wat Je Kunt Verwachten

Net zoals mensen vaker naar de dokter gaan naarmate ze ouder worden, zul je je hond vaker naar de dierenarts moeten brengen. De dierenarts kan ervoor zorgen dat je Shiba Inu actief blijft zonder het te overdrijven, en dat er geen onnodige stress is voor je oudere hond. Als je viervoeter een blessure heeft opgelopen en dit voor je heeft verborgen, is de kans groter dat je dierenarts dit opmerkt.

Je dierenarts kan ook aanbevelingen doen over activiteiten en veranderingen in je schema op basis van de fysieke mogelijkheden van je Shiba Inu en eventuele veranderingen in persoonlijkheid. Als je Shiba Inu bijvoorbeeld nu meer hijgt, kan dat een teken zijn van pijn door stijfheid. Dit kan moeilijk te onderscheiden zijn, aangezien Shiba Inu's sowieso veel hijgen, maar als je andere tekenen van pijn ziet, maak dan een afspraak met de dierenarts. Je dierenarts kan je helpen bepalen wat de beste manier is om je Shiba Inu gelukkig en actief te houden tijdens de latere jaren.

Het volgende zijn de soort dingen die je kunt verwachten wanneer je naar de dierenarts gaat.

- Je dierenarts zal praten over de geschiedenis van je hond, zelfs als je elk jaar op bezoek bent geweest. Dit gesprek is nodig om te zien hoe het is gegaan of als er mogelijke problemen zijn ontstaan of erger zijn geworden.

- Terwijl jullie praten, zal je dierenarts waarschijnlijk een volledig lichamelijk onderzoek uitvoeren om de gezondheid van je hond te beoordelen.

- Afhankelijk van hoe oud je hond is en in wat voor gezondheid hij verkeert, wil je dierenarts misschien verschillende tests uitvoeren. Het volgende zijn enkele van de meest voorkomende tests voor oudere honden.

  - Testen op door geleedpotigen overgedragen ziekten, waarbij bloed wordt afgenomen en getest op virale infecties

  - Chemische screening voor nier-, lever- en suikerevaluatie

  - Volledig bloedbeeld

  - Fecale flotatie, waarbij de ontlasting van je hond wordt gemengd met een speciale vloeistof om te testen op wormen en andere parasieten

  - Hartwormtest

  - Urineanalyse, waarbij de urine van je hond wordt getest om de gezondheid van de nieren en het urinewegenstelsel van je hond te controleren

- De routinematige gezondheidscontrole die de dierenarts al jaren bij je hond uitvoert

- Alle rasspecifieke tests voor je oudere Shiba Inu

Veranderingen om op te Letten

Let op verschillende tekenen dat je hond langzamer wordt. Dit helpt je te weten wanneer je de inrichting rond je huis moet aanpassen en hoeveel je oude pup moet bewegen.

Eetlust en Voedingsbehoeften

Met minder beweging heeft je hond minder calorieën nodig, wat betekent dat je het dieet van je pup moet aanpassen. Als je ervoor kiest om je Shiba Inu commercieel hondenvoer te geven, zorg er dan voor dat je overschakelt naar seniorenvoer. Seniorenvoer is ontworpen voor de veranderende voedingsbehoeften van oudere honden, met minder calorieën en meer voedingsstoffen die het oudere hondenlichaam nodig heeft.

Als je het voer voor je Shiba Inu zelf maakt, praat dan met je dierenarts en neem de tijd om te onderzoeken hoe je het beste calorieën kunt verminderen zonder smaak op te offeren. Je viervoeter zal minder vet in zijn voedsel nodig hebben, dus je moet misschien iets gezonders vinden dat nog steeds veel smaak heeft om de soorten voedsel aan te vullen die je je Shiba Inu als pup of actieve volwassen hond gaf.

Beweging

Aangezien Shiba Inu's zo gezellig zijn, zullen ze net zo blij zijn met extra aandacht van jou als ze waren met beweging toen ze jonger waren. Als je minder eisen stelt, het aantal wandelingen vermindert of op een andere manier de routine verandert, zal je Shiba Inu zich snel aanpassen aan het nieuwe programma. Je zult die veranderingen moeten maken op basis van het vermogen van je hond, dus het is aan jou om het schema aan te passen en je Shiba Inu gelukkig actief te houden. Kortere, frequentere wandelingen zouden moeten voldoen aan de bewegingsbehoeften van je Shiba Inu, en helpen ook om je dag wat meer te doorbreken.

Je hond zal net zoveel genieten van een dutje als van wandelen, vooral als hij bij jou mag knuffelen. Naast je slapen terwijl je televisie kijkt of zelf een dutje doet, is vrijwel alles wat nodig is om je oudere Shiba Inu tevreden te stellen, maar hij heeft nog steeds beweging nodig.

De manier waarop je Shiba Inu vertraagt, is waarschijnlijk het moeilijkste deel van het zien verouderen van je hond. Je kunt merken dat je Shiba Inu tijdens wandelingen meer tijd besteedt aan snuffelen, wat een teken kan zijn dat je hond moe wordt. Het kan ook zijn manier zijn om te erkennen dat lange, gestage wandelingen tot het verleden behoren en dat hij daarom stopt om meer van de kleine dingen te genieten. Stoppen om aan dingen te ruiken kan hem nu de opwinding geven die hij vroeger kreeg door verder te lopen.

Hoewel je moet opletten of je hond moe wordt, laat hij het je misschien ook weten. Als hij langzamer loopt, naar je opkijkt en neervalt, kan dat zijn manier zijn om je te laten weten dat het tijd is om naar huis terug te keren. Als je viervoeter geen lange wandelingen meer aankan, maak de wandelingen dan korter en talrijker en besteed meer tijd aan rondrennen in je tuin of huis met je maatje.

Veroudering en de Zintuigen

Net als bij mensen worden de zintuigen van honden zwakker naarmate ze ouder worden. Ze horen dingen niet meer zo goed als vroeger; ze zien dingen niet meer zo duidelijk; en hun reukvermogen wordt zwakker.

Het volgende zijn enkele tekenen dat je hond minstens een van zijn zintuigen verliest.

- Het wordt gemakkelijk om je hond te verrassen of te laten schrikken. Je moet voorzichtig zijn, want dit kan je Shiba Inu agressief maken, een eng vooruitzicht, zelfs op oude leeftijd. Sluip NIET naar je oude hond toe, want dit kan slecht zijn voor jullie beiden, en hij verdient beter dan bang gemaakt te worden.

- Je hond lijkt je misschien te negeren omdat hij minder reageert wanneer je een commando geeft. Als je eerder geen probleem hebt gehad, is je hond niet koppig, maar verliest hij waarschijnlijk zijn gehoor.

- Troebele ogen kunnen een teken zijn van verlies van zicht, hoewel het niet betekent dat je hond blind is.

Als je hond zich lijkt te 'misdragen', is dat een teken dat hij ouder wordt, niet dat het hem niet kan schelen of dat hij wil rebelleren. Straf je oudere hond niet.

Pas je schema aan aan de veranderende mogelijkheden van je hond. Pas de hoogte van de waterbak aan, vermijd het herschikken van kamers en aai je hond vaker. Hij is waarschijnlijk nerveus over het verlies van zijn vermogens, dus het is aan jou om hem te troosten.

Je Seniorhond Mentaal Actief Houden

Alleen omdat je Shiba Inu niet zo ver kan lopen, betekent niet dat zijn hersenen niet net zo gefocust en capabel zijn. In feite zullen de veranderingen in zijn lichaam waarschijnlijk frustrerend voor hem zijn, dus je wilt ervoor zorgen dat hij genoeg andere dingen heeft om hem actief en gelukkig te houden. Naarmate hij fysiek vertraagt, focus je meer op activiteiten die mentaal stimulerend zijn. Zolang je Shiba Inu alle basisvaardigheden onder de knie heeft, kun je hem allerlei trucjes met weinig impact leren. Op dit punt kan training gemakkelijker zijn omdat je Shiba Inu heeft geleerd zich beter te concentreren en hij blij zal zijn om iets te hebben dat hij nog steeds met jou kan doen. Die onafhankelijke streek zal er nog steeds zijn, dus geef je viervoeter opties zodat hij kan kiezen wat hij wil doen.

Nieuw speelgoed is een andere geweldige manier om de geest van je hond actief te houden. Zorg ervoor dat het speelgoed niet te ruw is voor de oudere kaak en tanden van je hond. Touwtrekken is misschien een spel uit het verleden (je wilt oude tanden niet beschadigen), maar andere spelletjes zoals verstoppertje zullen nog steeds zeer gewaardeerd worden. Of je nu speelgoed of jezelf verstopt, dit kan een spel zijn dat je Shiba Inu aan het raden houdt. Er zijn ook voedselballen, puzzels en andere spellen die zich richten op cognitieve vaardigheden. Dit is ook een hond die van puzzels houdt, wat de gouden jaren een tijd maakt om manieren te bedenken om je hond uit te dagen – een geweldige mentale workout voor jullie beiden.

Sommige seniorhonden lijden aan het cognitieve dysfunctiesyndroom (CCD), een soort dementie. Naar schatting wordt 85% van alle gevallen van dementie bij honden niet gediagnosticeerd omdat het zo moeilijk is om het probleem precies te lokaliseren. Het manifesteert zich meer als een probleem van temperament.

Als je hond zich anders begint te gedragen, moet je hem naar de dierenarts brengen om te zien of hij CCD heeft. Hoewel er eigenlijk geen behandeling voor is, kan je dierenarts dingen aanbevelen die je kunt doen om je hond te helpen. Dingen zoals het herschikken van de kamers in je huis worden sterk afgeraden, aangezien vertrouwdheid met zijn omgeving je hond zal helpen zich comfortabeler te voelen en stress zal verminderen naarmate hij zijn cognitieve vermogens verliest. Mentale stimulatie zal helpen tegen CCD, maar je zou moeten plannen om je hond mentaal gestimuleerd te houden, ongeacht of hij symptomen van dementie vertoont.

Voordelen van de Seniorenjaren

De laatste jaren van het leven van je Shiba Inu kunnen net zo plezierig zijn (zo niet meer) als de eerdere fasen, aangezien je hond milder is geworden. Al die energieke activiteiten maken plaats voor knuffels en ontspanning. Het feit dat je pup gewoon van je gezelschap geniet, kan

Foto met dank aan
Miriam Jamison

ongelooflijk fijn zijn (vergeet alleen niet om zijn activiteitenniveau op peil te houden in plaats van te gemakzuchtig te worden met de nieuw ontdekte liefde van je Shiba Inu voor rusten en ontspannen).

Je Shiba Inu zal een liefdevolle metgezel blijven, die bij elke gelegenheid met je omgaat – dat verandert niet met de leeftijd. De beperkingen van je viervoeter moeten interacties en activiteiten dicteren. Als je het druk hebt, zorg er dan voor dat je tijd inplant met je Shiba Inu om dingen te doen die binnen die beperkingen vallen. Het is net zo gemakkelijk om een oudere Shiba Inu gelukkig te maken als een jonge, en het is gemakkelijker voor jou omdat ontspannen essentiëler is voor je oude vriend.

Voorbereiden op het Afscheid

Dit is iets waar geen huisdiereigenaar aan wil denken, maar als je je Shiba Inu langzamer ziet worden, weet je dat je tijd met je lieve pup ten einde loopt. De meeste werkhonden gaan plotseling achteruit, waardoor het heel duidelijk wordt wanneer je extra zorg moet besteden aan hun verouderende lichamen. Ze hebben moeite op gladdere oppervlakken of kunnen niet meer zo ver lopen als vroeger. Het is zeker verdrietig, maar wanneer het begint te gebeuren, weet je dat je moet beginnen met voorbereiden op het afscheid.

Sommige honden kunnen nog jaren leven nadat ze beginnen te vertragen, maar de meeste werkhonden halen het niet meer dan ongeveer een jaar of twee. Soms verliezen honden hun interesse in eten, krijgen ze een beroerte of een ander probleem dat zich met weinig waarschuwing voordoet. Uiteindelijk zal het tijd zijn om afscheid te nemen, hetzij thuis of bij de dierenarts. Je moet voorbereid zijn, en dat is precies waarom je het meeste uit deze laatste jaren moet halen.

Praat met je familie over hoe je voor je hond zult zorgen tijdens de laatste jaren of maanden van zijn leven. Veel honden zullen perfect gelukkig zijn, ondanks hun beperkte mogelijkheden. Sommigen kunnen problemen krijgen met het beheersen van hun stoelgang, terwijl anderen problemen kunnen hebben met opstaan vanuit een liggende positie. Er zijn oplossingen voor al deze problemen. Het is belangrijk om te onthouden dat kwaliteit van leven de primaire overweging moet zijn, en aangezien je hond je niet kan vertellen hoe hij zich voelt, zul je aanwijzingen van je hond moeten opvangen. Als je hond nog steeds gelukkig lijkt, is er geen reden om hem te laten inslapen.

In deze fase is je hond waarschijnlijk erg gelukkig als hij gewoon 18 uur per dag in je buurt slaapt. Dat is prima zolang hij nog steeds enthousiast wordt over wandelen, eten en geaaid worden. Het doel van euthanasie is om lijden te verminderen, niet om dingen gemakkelijker voor jezelf te maken. Dit is wat de beslissing zo moeilijk maakt, maar het gedrag van je hond zou een vrij goede indicator moeten zijn van hoe hij zich voelt. Hier zijn enkele andere dingen om in de gaten te houden om de kwaliteit van leven van je hond te evalueren:

- Eetlust
- Drinken
- Urineren en ontlasting
- Pijn (opgemerkt door overmatig hijgen)
- Stressniveaus
- Verlangen om actief te zijn of bij familie te zijn (als je hond het grootste deel van de tijd alleen wil zijn, is dat meestal een teken dat hij alleen probeert te zijn voor het einde)

Praat met je dierenarts als je hond een ernstige ziekte heeft om te bepalen wat de beste weg vooruit is. Zij kunnen de beste informatie geven over de kwaliteit van het leven van je hond en hoe lang je hond waarschijnlijk zal leven met de ziekte of kwaal.

Als je hond op een punt komt waarop je weet dat hij niet langer gelukkig is, zich niet meer kan bewegen, of een ongeneeslijke ziekte heeft, is het waarschijnlijk tijd om afscheid te nemen. Dit is een beslissing die als gezin moet worden genomen, waarbij de behoeften en kwaliteit van leven van de hond altijd voorop staan. Als je besluit dat het tijd is om afscheid te nemen, bepaal dan wie er aanwezig zal zijn bij het einde.

Eenmaal bij de dierenarts, als je besloten hebt om de hond te laten inslapen, kun je de laatste minuten heel gelukkig maken door je hond de dingen te voeren die hij eerder niet kon eten. Dingen zoals chocolade en druiven kunnen hem aan het glimlachen brengen voor de resterende tijd die hij heeft.

Je kunt je hond ook thuis laten inslapen. Als je besluit een dierenarts te vragen om bij je thuis te komen, wees dan voorbereid op extra kosten voor het huisbezoek. Je moet ook bepalen waar je wilt dat je hond is, of dat binnen of buiten is, en in welke kamer als je besluit het binnen te doen.

Zorg ervoor dat er minstens één persoon aanwezig is die hij goed kent, zodat je hond niet alleen is tijdens de laatste minuten van zijn leven. Je wilt niet dat je hond sterft omringd door vreemden. Het proces is vrij vredig, maar je hond zal waarschijnlijk een beetje gestrest zijn. Hij zal binnen enkele minuten na de injectie overlijden. Blijf tegen hem praten, aangezien zijn hersenen zullen blijven werken, zelfs nadat zijn ogen sluiten.

Zodra je hond is overleden, moet je bepalen wat je met het lichaam gaat doen.

- Crematie is een van de meest voorkomende manieren om voor het lichaam te zorgen. Je kunt een urn krijgen of een container aanvragen om de as van je hond te verstrooien over zijn favoriete plekken. Zorg ervoor dat je zijn as niet dumpt op plaatsen waar dat niet is toegestaan. Privécrematie is duurder dan gemeenschappelijke crematie, maar het betekent dat de enige as die je krijgt van je hond is. Gemeenschappelijke crematie vindt plaats wanneer verschillende huisdieren samen worden gecremeerd.

- Begraven is de gemakkelijkste methode als je je huisdier thuis laat inslapen, maar je moet de lokale regelgeving controleren om er zeker van te zijn dat je je hond thuis mag begraven, omdat dit op sommige plaatsen illegaal is. Je moet ook rekening houden met de grond. Als je tuin rotsachtig of zanderig is, zal dat problemen opleveren bij het begraven van je huisdier thuis. Begraaf je huisdier ook niet in je tuin als het in de buurt is van putten die mensen gebruiken als drinkwaterbron, of als het in de buurt is van wetlands of waterwegen. Het lichaam van je hond kan het water vervuilen terwijl het vergaat. Je kunt ook informeren naar een huisdierenbegraafplaats als er een in jouw omgeving is.

Rouw en Genezing

Honden worden leden van ons gezin, dus hun overlijden kan ongelooflijk moeilijk zijn. Mensen doorlopen dezelfde emoties en gevoelens van verlies met een hond als met goede vrienden en familie. De afwezigheid van die aanwezigheid in je leven is schokkend, vooral bij zo'n liefdevolle, trouwe hond als de Shiba Inu. Je huis is een constante herinnering aan het verlies, en in het begin zullen jij en je familie waarschijnlijk aanzienlijk verdriet voelen. Afscheid nemen zal moeilijk zijn. Het is geen slecht idee om een paar dagen vrij te nemen van je werk. Hoewel mensen die geen honden hebben, zullen zeggen dat je Shiba Inu maar een hond was, weet jij wel beter, en het is oké om de pijn te voelen en te rouwen zoals je zou doen voor elke verloren dierbare.

Het verlies van je Shiba Inu zal ook een aanzienlijke verandering in je schema teweegbrengen. Het zal waarschijnlijk even duren voordat je gewend bent aan de manier waarop je schema is verschoven. Vecht tegen de drang om naar buiten te gaan en een nieuwe hond te halen, want je bent er vrijwel zeker nog niet klaar voor.

Iedereen rouwt anders, dus je zult jezelf moeten toestaan om te rouwen op een manier die gezond is voor jou. Iedereen in je familie zal het verlies ook anders voelen, dus laat hen het op hun eigen manier voelen. Sommige mensen hebben niet veel tijd nodig, terwijl anderen het verlies maandenlang kunnen voelen. Er is geen tijdschema, dus je kunt het niet aan jezelf of een lid van je familie proberen op te dringen.

Praat erover hoe je je pup zou willen herdenken, en zorg ervoor dat je luistert. Je kunt een herdenking houden voor je verloren huisdier, verhalen vertellen en een boom planten ter nagedachtenis aan je hond. Als iemand niet wil deelnemen, is dat prima.

Probeer zoveel mogelijk terug te keren naar je normale routine als je andere huisdieren hebt. Dit kan zowel pijnlijk als behulpzaam zijn, aangezien je andere huisdieren je nog steeds net zoveel nodig hebben (vooral andere honden die ook hun metgezel hebben verloren).

Als je merkt dat verdriet je vermogen om normaal te functioneren belemmert, zoek dan professionele hulp. Indien nodig kun je online zoeken naar steungroepen in jouw omgeving om jou en je familie te helpen, vooral als dit je eerste hond was. Soms helpt het om over het verlies te praten, zodat je kunt beginnen met helen.